Langenscheidts Praktische Grammatik Französisch

von

Michelle Cahuzac
und
Christine Stefaner-Contis

LANGENSCHEIDT
BERLIN · MÜNCHEN · WIEN · ZÜRICH · NEW YORK

Redaktion: Dr. Olga Balboa

Ergänzende Hinweise, für die wir jederzeit dankbar sind, bitten wir zu richten an:
Langenscheidt Verlag, Postfach 40 11 20, 80711 München

Auflage:	4.	3.	2.	Letzte Zahlen
Jahr:	2000	99	98	maßgeblich

Druck: Druckhaus Langenscheidt, Berlin-Schöneberg
Printed in Germany – ISBN 3-468-**34933**-5

Vorwort

Langenscheidts Praktische Grammatik Französisch wendet sich an Anfänger und Fortgeschrittene. Lernern mit geringerem Vorwissen hilft sie beim Festigen und beim Ausbau ihrer Kenntnisse; Fortgeschrittene können größere Themenkomplexe in kompakter Form wiederholen.

Die Praktische Grammatik unterstützt Sie aber nicht nur beim Lernen und Wiederholen. Sie können präzise, kurze Einzelinformationen nachschlagen, wann immer Sie bei Ihrer Beschäftigung mit dem Französischen auf Probleme stoßen. Dabei helfen Ihnen sowohl das ausführliche Inhaltsverzeichnis am Anfang als auch das alphabetische Sachregister am Ende des Buchs.

Das Französisch von heute wird mit allen wesentlichen Erscheinungen der Grammatik exakt und leicht verständlich beschrieben. Damit das Buch einen möglichst breiten Benutzerkreis anspricht, haben wir besonderen Wert auf eine klare, übersichtliche und systematische Präsentation des Stoffs gelegt. Die Terminologie wurde so einfach wie möglich gehalten. Erklärungen der grammatikalischen Fachausdrücke finden Sie in einem Glossar.

Wir haben das vorliegende Werk ganz bewusst auf die Lernenden zugeschnitten, deren Muttersprache Deutsch ist. So konnten wir Ihnen eine Menge „überflüssiger Details“ ersparen, die für Deutschsprachige kein Problem darstellen, und uns zugleich auf die wirklich schwierigen Grammatikbereiche und typischen Fehlerquellen konzentrieren.

Praktische Grammatik bedeutet auch: Alle Regeln werden durch eine Vielzahl von Beispielen aus dem aktuellen französischen Sprachgebrauch veranschaulicht; sämtliche Beispielsätze werden übersetzt. Sie können also auch dann problemlos mit der Praktischen Grammatik arbeiten, wenn Sie erst geringe Vorkenntnisse haben.

Ob als Nachschlagewerk, zum selbständigen Lernen oder zur Ergänzung von Sprachkursen – Langenscheidts Praktische Grammatik Französisch wird Sie zuverlässig informieren.

Verfasser und Verlag

Inhaltsverzeichnis

1 Aussprache und Rechtschreibung

1.1 Die Akzente

Das Französische kennt drei Akzente:
den *accent aigu* **é**, den *accent grave* **è** und den *accent circonflexe* **ê**.

Sie können nur auf Vokalen verwendet werden und sind oft maßgebend für die Aussprache: z. B. *â* in *gâteau (Kuchen)* wird tief ausgesprochen.
Sie können auch zur Unterscheidung dienen: *ou* bedeutet *„oder"* und *où „wo"*.

1.2 Der Apostroph

Beginnt ein Wort mit einem Vokal oder einem stummen *h*, dann wird das *a*/*e* des vorigen Wortes durch ein Apostroph ersetzt:

Je n'ai rien.	n' = ne	*Ich habe nichts.*
l'histoire	l' = la	*die Geschichte*
parce qu'elle …	qu' = que	*weil sie …*

Das *i* wir nur bei *s'il, s'ils (wenn er, wenn sie)* apostrophiert.

1.3 Das Trema

Im Französischen gibt das Trema an, dass zwei aufeinander folgende Vokale getrennt zu sprechen sind. Das Trema steht nur auf *i*, *e* und *u:*

maïs (ma-is)	*Mai*	Noël (No-el)	*Weihnachten*
Emmaüs (Emma-us)			

1.4 Besonderheiten der Aussprache

Einige Laute können durch unterschiedliche Schreibweisen dargestellt werden. Die folgende Übersicht soll die gängigsten zusammenfassen:

1.4.1 Die Vokale

Im Unterschied zum Deutschen kennt das Französische sechs Vokale und nicht fünf: das *y* ist im Französischen ein Vokal.

Im Französischen unterscheidet man zwischen [e] und [ɛ]:

[e] geschlossenes *e*: wie ein deutsches *e*			[ɛ] offenes *e*: ähnlich wie das deutsche *ä*		
é	étude	*Studie*	**è**	j'achète	*ich kaufe*
et	et	*und*	**ê**	une bête	*ein Tier*
er	marcher	*gehen* (und alle Infinitive auf *-er*)	**et**	le poulet	*das Huhn*
es	les	*die*	**ei**	la reine	*die Königin*
ez	chez	*bei*	**ai**	la laine	*die Wolle*

Das Französische hat auch ein geschlossenes und ein offenes *ö* [ø] bzw. [œ]:

[ø] geschlossenes *ö*: wie in *schön*			[œ] offenes *ö*: wie in *öfter*		
eu	bleu	*blau*	**eu**	neuf	*neu; neun*
œu	nœud	*Knoten*	**œu**	sœur	*Schwester*

Es wird auch zwischen [o] und [ɔ] unterschieden:

[o] geschlossenes *o*: wie in *groß*			[ɔ] offenes *o*: wie in *Osten*		
-o (am Wortende)	un vélo	*ein Fahrrad*	**o**	l'école	*die Schule*
ô	un hôtel	*ein Hotel*			
au	haut	*hoch*			
eau	un cadeau	*ein Geschenk*			

! Vor einem hörbaren Konsonanten werden die Vokale offen ausgesprochen.

Wie im Deutschen wird ebenfalls zwischen [u] und [y] unterschieden:

[u]	wie das deutsche *u*		[y]	wie das deutsche *ü*	
ou	pour	*für*	**u**	dur	*hart*

Alle französischen Wörter, die mit dem Konsonanten *q* anfangen, werden *qu* geschrieben. Das *u* wird aber nicht mitgesprochen: *quel* [kɛl].

Der Buchstabe *y* entspricht im Französischen zwei Lauten:

[i] wie das deutsche *ie* zwischen zwei Konsonanten une pyramide *eine Pyramide*	[j] wie das deutsche *j* zwischen zwei Vokalen un voyage *eine Reise*

1.4.2 Die nasalen Vokale

Die „Nasale" sind Buchstabenkombinationen aus Vokal und folgendem *n* oder *m*, die durch die Nase gesprochen werden:

[ɛ̃]			[ɑ̃]		
in	fin	*Ende*	**an**	dans	*in*
im	impossible	*unmöglich*	**am**	jambe	*Bein*
ein	frein	*Bremse*	**en**	enfant	*Kind*
ain	pain	*Brot*	**em**	emballer	*einpacken*
aim	faim	*Hunger*			
[ɔ̃]			[œ̃]		
on	pont	*Brücke*	**un**	lundi	*Montag*
om	tomber	*fallen*			

1.4.3 Die Konsonanten

Die Konsonanten c und g

	c [s] wie deutsches *ss*		**g** [ʒ] wie in *Genie*	
vor *e, i, y*	cela	*dies*	gentil	*nett*
	ici	*hier*	la girafe	*die Giraffe*
	un cygne	*ein Schwan*		
	c [k] wie das deutsche *k*		**g** [g] wie das deutsche *g*	
vor *a, o, u;* vor Konsonanten	une carte	*eine Karte*	un gant	*eine Handschuhe*
	la clé	*der Schlüssel*	grand	*groß*

vor *a, o, u*	**ç** [s] wie deutsches *ss* une leçon *eine Lektion*	**ge** [ʒ] wie in *Genie* un pigeon *eine Taube*
vor *e*	**c + u** [k] cueillir *pflücken*	**g + u** [g] (auch vor *i* und *y*) la guitare *die Gitarre*
	ch [ʃ] wie *sch* im Deutschen le chat *die Katze*	**gn** [ɲ] wie in *Cognac* la ligne *die Linie*

Das h

Im Französischen gibt es zwei verschiedene *h*: das stumme und das aspirierte. Der Unterschied ist jedoch nur hörbar, wenn Wörter zusammengezogen ausgesprochen werden:

un homme: das *n* und das *o* werden zusammengesprochen: [œ̃‿ɔm]
un héros: das *n* und das *é* werden nicht zusammengesprochen:[œ̃ e'ro]

Zwischen Vokalen hat das *h* eine Trennfunktion:

chahut [ʃa'y] *Krach* aber chaud [ʃo] *warm*

Das s

Zwischen zwei Vokalen wird das *s* stimmhaft [z] ausgesprochen; doppeltes *-ss-* wird zwischen Vokalen stimmlos [s] ausgesprochen wie im Deutschen *Wasser*:

[z] le désert *die Wüste* (wie im Deutschen *Rose*)
[s] le dessert *das Dessert* (wie im Deutschen)

1.5 Die Endungen

Viele französische Wörter enden mit einem Konsonanten, der nicht ausgesprochen wird:

le bras [bra] *der Arm* le toit [twa] *das Dach*

! Aber *f, r, c* werden meistens ausgesprochen:

le fer [fɛr] *das Eisen* le sac [sak] *die Tasche*
le bœuf [bœf] *das Rind*

Das *e* am Wortende wird nicht ausgesprochen:

un homme [ɔm]	*ein Mann*	la foule [ful]	*die Menge*

Die grammatikalischen Endungsmerkmale werden nicht ausgesprochen:

les choses [ʃo:z]	*die Dinge*	les cheveux [ʃvø]	*die Haare*
tu chantes [ʃãt]	*du singst*	ils habitent [a'bit]	*sie wohnen*

! Das *e* als Zeichen des Femininums bewirkt aber das Aussprechen des letzten Konsonanten:

amusant [amy'zã]	amusan**t**e [amy'zã:t]	*lustig*
gris [gri]	gri**s**e [gri:z]	*grau*

1.6 Die *liaisons*

Endkonsonanten werden meist ausgesprochen, wenn das nachfolgende Wort mit einem Vokal anfängt:

un arbre	*n* und *a* werden zu [na]	[œ̃ 'narbrə]	*ein Baum*
les îles	*s* und *î* werden zu [zi]	[le'zil]	*die Inseln*
petit ours	*t* und *ou* werden zu [tu]	[peti'turs]	*kleiner Bär*

Beim Binden wird das *s* nicht [s] ausgesprochen, sondern [z], wie z. B. in *Rose*. Das Nichtbeachten dieser Regel kann zu Missverständnissen führen:

Ils ont 5 enfants:	ils‿ont [ilzɔ̃] …	*Sie haben fünf Kinder.*
Ils sont 5 enfants:	ils sont [ilsɔ̃] …	*Sie sind fünf Kinder.*

Das Binden von Artikel/Pronomen und Substantiven ändert nicht die Aussprache des Artikels/Pronomens.
Die *liaison* ist nach der Konjunktion *et (und)* nicht möglich.

2 Das Geschlecht des Substantivs

Die französische Sprache kennt nur zwei grammatische Geschlechter: Maskulinum (männlich) und Femininum (weiblich):

un homme, une femme	*ein Mann, eine Frau*
le bouquet, la fleur	*der Strauß, die Blume*

Was im Deutschen maskulin ist, ist es nicht unbedingt im Französischen: *le soleil (die Sonne), la lune (der Mond).* Substantive, die im Deutschen neutral (sächlich) sind, sind im Französischen entweder männlich oder weiblich: *le livre (das Buch), la maison (das Haus).*

2.1 Das Geschlecht der Substantive, die Lebewesen bezeichnen

2.1.1 Allgemeines

Bei Personen bzw. Lebewesen richtet sich das Substantiv nach dem natürlichen Geschlecht. So ist z. B. *la fille (das Mädchen)* feminin:

Le marchand conseille la cliente.	*Der Händler berät die Kundin.*

In vielen Fällen wird das Femininum vom Maskulinum abgeleitet. Für diese Fälle können wir folgende Grundregel aufstellen:

Femininum = Maskulinum + *e*

Maskulinum		Femininum	
un ami	*ein Freund*	une ami**e**	*eine Freundin*
un voisin	*ein Nachbar*	une voisin**e**	*eine Nachbarin*
un étudiant	*ein Student*	une étudiant**e**	*eine Studentin*

! Das *-e* am Wortende wird nicht ausgesprochen; es bewirkt aber das Aussprechen des letzten Konsonanten.

2.1.2 Besonderheiten

Einige männliche Substantive schreiben sich bereits mit einem *-e* am Ende. Sie verändern sich nicht:

un journaliste	*ein Journalist*	une journaliste	*eine Journalistin*
un élève	*ein Schüler*	une élève	*eine Schülerin*

Das Hinzufügen eines *-e* reicht gelegentlich nicht aus; die ganze Endung muss geändert werden:

-er / -ère	un boulanger	une boulangère	*Bäcker/Bäckerin*
-ien / -ienne	un chien	une chienne	*Hund/Hündin*
-en / -enne	un Européen	une Européenne	*Europäer/Europäerin*
-on / -onne	un patron	une patronne	*Chef/Chefin*
-eur / -euse	un danseur	une danseuse	*Tänzer/Tänzerin*
-teur / -trice	un directeur	une directrice	*Direktor/Direktorin*
-f / -ve	un veuf	une veuve	*Witwer/Witwe*
-e / -esse	un âne	une ânesse	*Esel/Eselin*

Aber: un chan**teur** une chan**teuse** *Sänger/Sängerin*

Eine Reihe von Berufsbezeichnungen, die so genannten „Männerberufe“, haben überhaupt kein Femininum, wie z. B. *médecin, professeur, ingenieur* usw. Um zu betonen, dass es sich um eine Frau handelt, muss das Wort *femme (Frau)* bzw. bei der Anrede *Madame* mit dem Substantiv zusammen verwendet werden:

un médecin	*ein Arzt, eine Ärztin*
une femme médecin	*eine Ärztin*
un ministre	*ein Minister, eine Ministerin*
Madame le Ministre	*Frau Ministerin*

! Normalerweise heißt es aber: *Madame Renoir est un très bon médecin. (Frau Renoir ist eine sehr gute Ärztin.)*

Manchmal wird das Femininum nicht vom Maskulinum abgeleitet. Femininum und Maskulinum werden dann mit unterschiedlichen Wörtern bezeichnet, z. B.:

un homme	*ein Mann*	une femme	*eine Frau*
un coq	*ein Hahn*	une poule	*ein Huhn*

Wie im Deutschen haben einige Lebewesen (besonders Insekten) nur eine Bezeichnung. Zur genauen Unterscheidung werden die Wörter *mâle* *(Männchen)* bzw. *femelle* *(Weibchen)* zu dem Substantiv gestellt:

une mouche	*eine Fliege*
une coccinelle	*ein Maikäfer*
un serpent	*eine Schlange*

2.2 Das Geschlecht der Substantive, die keine Lebewesen bezeichnen

Bei Substantiven, die keine Lebewesen bezeichnen, hilft die Endung bei der Ermittlung des grammatischen Geschlechts:

So genannte „weiche" Endungen auf *e* oder *ie* sind fast immer feminin, „harte" Endungen auf *a, o* oder Konsonanten dagegen meist maskulin:

la plume	*die Feder*	le piano	*das Klavier*
une tasse	*eine Tasse*	un pot	*ein Topf*
la boulangerie	*die Bäckerei*	un pont	*eine Brücke*
la Pologne	*Polen*	le Canada	*Kanada*

! Das *t* am Wortende wird nicht ausgesprochen.

→ Die Aussprache der Endungen, 1.5

Substantive mit folgenden Endungen sind häufig maskulin:

-age	un voyage	*eine Reise*	**-et**	un billet	*eine Fahrkarte*
-ail	un travail	*eine Arbeit*	**-ier**	un cahier	*ein Heft*
-al	un canal	*ein Kanal*	**-in**	un dessin	*eine Zeichnung*
			-isme	le Christianisme	*das Christentum*
-eau	un bateau	*ein Schiff*			
-ent	un compartiment	*ein Abteil*	**-oir**	un miroir	*ein Spiegel*

Aber: une plage *(ein Strand)*, une eau minérale *(ein Mineralwasser)*, une dent *(ein Zahn)* u. a.

Substantive mit folgenden Endungen sind häufig feminin:

-ance	une ambulance	*ein Krankenwagen*
-ence	une différence	*ein Unterschied*
-ée	une dictée	*ein Diktat*
-ette	une moquette	*ein Teppichboden*
-eur	une couleur	*eine Farbe*
-sion	une décision	*eine Entscheidung*
-té	une beauté	*eine Schönheit*
-tié	une amitié	*eine Freundschaft*
-tion	une addition	*eine Rechnung*

Aber: un musée *(ein Museum)*, le bonheur *(das Glück)* u. a.

Einige Substantive können feminin oder maskulin sein. Sie verändern dann ihre Bedeutung:

un livre	*ein Buch*	une livre	*ein Pfund*
un tour	*eine Umdrehung*	une tour	*ein Turm*
un mode	*eine Art und Weise*	une mode	*eine Mode*
u.a.			

3 Der Plural des Substantivs

3.1 Der Plural der einfachen Substantive

Auch hierfür können wir eine Regel finden:

Plural = Singular + *s*

Singular		Plural	
un étudiant	*ein Student*	des étudiants	*Studenten*
une amie	*eine Freundin*	des amies	*Freundinnen*
une chaise	*ein Stuhl*	des chaises	*Stühle*

! Das *-s* des Plurals ist nicht hörbar.

→ 1.5

Nicht alle Substantive bilden die Pluralform mit *s*.
Bei Substantiven auf *-au, -eu* und *-eau* heißt es:

Plural = Singular + *x*

un Esquimau	*ein Eskimo*	des Esquimau**x**	*Eskimos*
un cadeau	*ein Geschenk*	des cadeau**x**	*Geschenke*
un jeu	*ein Spiel*	des jeu**x**	*Spiele*

Diese Regel gilt auch für folgende Wörter, die auf *-ou* enden:

un caillou	*ein Steinchen*	des cailloux	*Steinchen*
un bijou	*ein Schmuckstück*	des bijoux	*Schmuckstücke*
un chou	*ein Kohl*	des choux	*Kohle*
un genou	*ein Knie*	des genoux	*Knie*
un hibou	*ein Uhu*	des hiboux	*Uhus*
un joujou	*ein Spielzeug*	des joujoux	*Spielzeuge*
un pou	*eine Laus*	des poux	*Läuse*

Auch Substantive, die im Singular auf *-al* und *-ail* enden, bilden den Plural mit *-x*; bei ihnen tritt aber noch eine zusätzliche Veränderung ein:

Plural *-aux* = Singular *-al, -ail*

un journ**al**	*eine Zeitung*	des journ**aux**	*Zeitungen*
un chev**al**	*ein Pferd*	des chev**aux**	*Pferde*
un trav**ail**	*eine Arbeit*	des trav**aux**	*Arbeiten*

Aber: un bal *(ein Ball, ein Tanz)*, des bals *(Bälle, Tänze)*

Substantive, die im Singular auf *-s, -x* oder *-z* enden, bleiben im Plural unverändert:

Plural = Singular

une souris	*eine Maus*	des souris	*Mäuse*
une perdrix	*ein Rebhuhn*	des perdrix	*Rebhühner*
un nez	*eine Nase*	des nez	*Nasen*

Einige Substantive haben ganz eigene Pluralformen:

un oeil	*ein Auge*	des yeux	*Augen*
un monsieur	*ein Herr*	des messieurs	*Herren*

Eigennamen bleiben meist unverändert; nur der Artikel steht im Plural:

Monsieur Dupont	*Herr Dupont*	les Dupont	*die Duponts*

3.2 Der Plural der zusammengesetzten Substantive

Die Pluralbildung zusammengesetzter Substantive mit Bindestrich ist abhängig von der Art der Wörter, die das Substantiv bilden:

Substantiv + Substantiv
Substantiv + Adjektiv
Adjektiv + Adjektiv

Beide Teile des Wortes stehen im Plural.

une grand-mère	des grands-mères	*eine Großmutter*	*Großmütter*
un sourd-muet	des sourds-muets	*ein Taubstummer*	*Taubstumme*

Verb + Substantiv

Das Verb bleibt immer unverändert. Nur das Substantiv wird meist in den Plural gesetzt.

un ouvre-boîte(s)	des ouvre-boîtes	*ein Dosenöffner*	*Dosenöffner*

Es gibt aber auch zusammengesetzte Wörter, die bereits im Singular eine Pluralform haben:

un porte-clés	des porte-clés	*ein Schlüsselring*	*Schlüsselringe*

Aber: des porte-monnaie *(Geldbeutel)*

! Bei zusammengesetzten Substantiven, die mit einer Präposition gebildet werden, verändert sich nur das erste Wort:

un stylo à bille	des stylos à bille	*ein Kugelschreiber*	*Kugelschreiber*

4 Der Artikel

4.1 Der unbestimmte Artikel

Da es im Französischen nur zwei grammatische Geschlechter gibt, gibt es im Singular nur zwei unbestimmte Artikel, für männliche und weibliche Substantive. Abweichend vom Deutschen gibt es im Französischen einen unbestimmten Artikel im Plural, der aber auf Deutsch meist nicht übersetzt wird:

	Mask.		Fem.	
Sing.	**un** pain	*ein Brot*	**une** baguette	*ein Baguette*
Pl.	**des** pains	*Brote*	**des** baguettes	*Baguettes*

J'ai acheté un billet de loto. *Ich habe einen Lottoschein gekauft.*
Il mange des bonbons. *Er isst Bonbons.*

! Wenn zwischen dem Artikel und dem Substantiv ein Adjektiv steht, wird die Pluralform *des* zu *de*:

Il a **de** belles dents. *Er hat schöne Zähne.*

In der Umgangssprache wird diese Regel aber immer weniger beachtet, und man hört oft „Il a des belles dents.".

4.2 Der bestimmte Artikel

4.2.1 Formen

Hier müssen wir dieselbe Unterscheidung vornehmen wie beim unbestimmten Artikel: zwei Formen im Singular und – wie im Deutschen – nur eine Form im Plural:

	Mask.		Fem.	
Sing.	**le** pain	*das Brot*	**la** baguette	*das Baguette*
	l'argent	*das Geld*	**l'**eau	*das Wasser*
Pl.	**les** pains	*die Brote*	**les** baguettes	*die Baguettes*

Vor allen Wörtern, die mit einem Vokal oder einem stummen *h* anfangen, steht *l'* anstatt *le* oder *la*:

L'hiver est trop long!	*Der Winter ist zu lang!*
Elle est de **l'**autre côté.	*Sie ist auf der anderen Seite.*

le und *les* verschmelzen mit den Präpositionen *à* und *de*:

Präposition à + le = **au**	Präposition de + le = **du**
Präposition à + les = **aux**	Präposition de + les = **des**

Je vais **au** cinéma.	*Ich gehe ins Kino.*
Qui a mangé la tarte **aux** pommes?	*Wer hat die Apfeltorte gegessen?*
Il parle toujours **de la** pluie et **du** beau temps.	*Er spricht immer über den Regen und das schöne Wetter.*
Que penses-tu **des** nouveaux voisins?	*Was denkst du über die neuen Nachbarn?*

! Die Formen des Artikels *la* und *l'* verändern sich hingegen nicht:

Je vais à l'école, puis **à la** maison.	*Ich gehe in die Schule, dann nach Hause.*
Il sort **de l'**hôpital ou **de l'**asile de fous?	*Kommt er aus dem Krankenhaus oder aus der Irrenanstalt?*

4.2.2 Gebrauch

Der bestimmte Artikel begleitet Substantive, die vorher erwähnt wurden oder die dem Sprechenden und Angesprochenen bekannt sind.
Wie im Deutschen wird der Artikel auch in folgenden Fällen verwendet:

- vor Familiennamen: les Fournier *die Fourniers*
- vor Titeln: le Président *der Präsident*
- vor Gebäudenamen: Le Louvre *der Louvre*

Abweichend vom Deutschen wird der Artikel im Französischen ebenfalls verwendet vor

- Gattungsbegriffen:

Le sport est bon pour la santé.	*Sport ist gut für die Gesundheit.*
J'aime la musique classique mais je préfère le jazz.	*Ich mag klassische Musik, aber Jazz finde ich besser.*

- Länder- und Gebietsnamen:

L'Allemagne	*Deutschland*	La Bavière	*Bayern*
La France	*Frankreich*	L'Alsace	*Elsass*

Aber: Cuba *(Kuba)*, Israël *(Israel)*

- Daten und Festtagen:

le (lundi) 14 juillet	*(Montag), der 14. Juli*
L'Ascension	*Himmelfahrt*

Aber: Noël *(Weihnachten)*, Pâques *(Ostern)*

- Wochentagen und Tageszeiten, wenn man von Gewohnheiten spricht:

Le jeudi, je fais du yoga.	*Donnerstags mache ich Yoga.*
Le matin, je bois du thé.	*Morgens trinke ich Tee.*

! Beachten Sie, dass *le lundi „montags", „jeden Montag"* bedeutet, während mit *lundi* ohne Artikel *„der nächste Montag"* gemeint ist:

Le lundi, je n'aime pas me lever.	*Montags stehe ich nicht gerne auf.*
Lundi, je vais à Paris.	*Montag fahre ich nach Paris.*

- Körperteilen:

N'oublie pas de te laver aussi les oreilles!	*Vergiss nicht, dir auch die Ohren zu waschen!*

4.3 Der Teilungsartikel

Im Französischen bezeichnet man damit eine unbestimmte Menge eines Stoffes *(de l'eau Wasser)*, konkrete Sachen, die nicht zählbar sind, oder Abstrakta *(du bien Gutes)*. Im Deutschen gibt es dafür keine Entsprechung:

Je voudrais **de l'**eau minérale.	*Ich hätte gerne Mineralwasser.*
Nous avons acheté **des** épinards.	*Wir haben Spinat gekauft.*
Ecouter **de la** musique me fait **du** bien.	*Musik hören tut mir gut.*

4.3.1 Formen

	Mask.		Fem.	
Sing.	**du** bien	*Gutes*	**de la** musique	*Musik*
	de l'alcool	*Alkohol*	**de l'**eau	*Wasser*
Pl.	**des** épinards	*Spinat*	**des** études	*Studium*

- Der Teilungsartikel wird mit der Präposition *de* und dem bestimmten Artikel gebildet. → 4.2.1
- Die Form mit Apostroph *de l'* wird für männliche und weibliche Substantive gebraucht, die mit einem Vokal oder mit einem stummen *h* anfangen.
- Die Form *des* des Teilungsartikels im Plural entspricht der des unbestimmten Artikels:

Teilungsartikel:	
Mon fils fait **des** études de médecine.	*Mein Sohn studiert Medizin.*
unbestimmter Artikel:	
Nous n'avons pas un mais **des** problèmes.	*Wir haben nicht ein, sondern mehrere Probleme.*

4.3.2 Gebrauch

Der Teilungsartikel bezeichnet eine unbestimmte Menge nicht zählbarer Sachen:

Au petit déjeuner, je bois **du** café et je mange **du** pain avec **de la** confiture ou **du** miel.	*Zum Frühstück trinke ich Kaffee und esse Brot mit Marmelade oder Honig.*

Der Teilungsartikel steht ebenfalls vor Substantiven, die eine Sorte oder einen abstrakten Begriff bezeichnen, d. h. die nicht zählbar sind:

J'écoute volontiers **du** jazz.	*Ich höre gerne Jazz.*
Il a eu **de la** chance!	*Er hat Glück gehabt!*

Nach dem Verb *faire* steht sehr oft der Teilungsartikel, insbesondere vor Substantiven aus dem Sport- und Freizeitbereich:

Ma grand-mère fait **du** vélo et **de la** voile.	*Meine Großmutter fährt Fahrrad und segelt.*

4.3.3 Besonderheiten

Nach bestimmten Mengenangaben steht die Präposition *de* ohne den bestimmten Artikel, z. B.:

- nach der Angaben *un morceau (Stück)*, *une tranche (Scheibe)* usw.:

  un morceau **de** fromage *(ein Stück Käse)*, cinq tranches **de** jambon *(fünf Scheiben Schinken)*

- nach Verpackungs-Bezeichnungen:

  une bouteille **de** vin *(eine Flasche Wein)*, une boîte **de** conserve *(eine Konservendose)*, une tablette **de** chocolat *(eine Tafel Schokolade)*

- nach Maß- und Gewichtsangaben:

  un kilo **de** pommes *(ein Kilo Äpfel)*, une livre **d'**oranges *(ein Pfund Orangen)*, 250 grammes **de** beurre *(250 g Butter)*, un litre **de** lait *(ein Liter Milch)*, 2 mètres **de** tissu *(2 Meter Stoff)*

- nach Adverbien der Mengenangaben u. a.:

  assez **de** *(genug)*, beaucoup **de** *(viel von)*, (un) peu **de** *(ein) wenig (von)*, trop **de** … *(zu viel)*

Aber: Wenn das Substantiv näher bestimmt ist, steht zusätzlich in den o. g. Fällen der bestimmte Artikel:

J'ai mangé trois morceaux **de la** tarte que tu as apportée.	*Ich habe drei Stück von der Torte gegessen, die du mitgebracht hast.*

- Nach der Verneinung *ne … pas / ne … plus / ne … jamais* steht ebenfalls nur die Präposition *de:*

Je ne prends **pas de** sucre dans le café.	*Ich nehme keinen Zucker in den Kaffee.*
Le boulanger n'a **plus de** pain.	*Der Bäcker hat kein Brot mehr.*
Je ne bois jamais **d'**alcool.	*Ich trinke nie Alkohol.*

Aber: In verneinten Sätzen steht der volle Teilungsartikel, wenn ein Gegensatz ausgedrückt wird:

Ce n'est pas **du** pain, c'est **du** caoutchouc!	*Das ist kein Brot, sondern Gummi!*
Nous ne voulons pas **de la** pacotille … mais **de la** qualité!	*Wir wollen keinen Schund …, sondern Qualitätsware!*

5 Das Personalpronomen

Die Personalpronomen haben verschiedene Formen je nach ihrer Funktion im Satz.

5.1 Die Personalpronomen als Subjekt

Diese Formen des Personalpronomens werden zusammen mit einem Verb gebraucht. Sie geben Auskunft über die Person oder Sache, die etwas tut (*qui?* „wer?“ oder *quoi?* „was?“). Wenn kein Verb vorhanden ist, z. B. bei kurzen Antworten, werden andere Formen gebraucht. → 5.4

je	*ich*	il	*er, es*	nous	*wir*	ils	*sie*
tu	*du*	elle	*sie*	vous	*ihr, Sie*	elles	*sie*

Je ne vois plus le chat, mais où est-**il** encore? — *Ich sehe die Katze nicht, wo ist sie schon wieder?*
Vous aimez notre ville? — *Mögen Sie unsere Stadt?*
Il fonctionne bien. — *Er funktioniert gut.*

Einige Unterschiede zum Deutschen

Im Plural lautet das männliche Pronomen *ils* und das weibliche *elles*. Wenn sich aber in einer Gruppe von Frauen auch nur ein einziger Mann befindet, muss *ils* verwendet werden:

Ils sont là: Marie, Anne, Nathalie et Pierre. — *Sie sind da: Marie, Anne, Nathalie und Pierre.*

Für die Höflichkeitsform benutzt man im Französischen die zweite – und nicht die dritte – Person Plural, d. h. *vous*:

Avez-vous fait un bon voyage? — *Haben Sie eine gute Reise gehabt?*

Vor einem Vokal oder einem stummen *h* wird *je* zu *j'*:

J'arrive tout de suite. — *Ich komme gleich.*
J'habite à Hambourg. — *Ich wohne in Hamburg.*

In der Umgangssprache wird das Pronomen *nous* häufig durch das unbestimmte Pronomen *on,* das eigentlich *„man“* bedeutet, ersetzt:

On va au cinéma, tu viens avec nous?	*Wir gehen ins Kino, kommst du mit?*

Zwar kennt das Französische kein Neutrum, aber unpersönliche Ausdrücke, in denen *il* verwendet wird:

Il pleut.	*Es regnet.*
Il est 8 heures.	*Es ist 8 Uhr.*
Il faut travailler pour vivre.	*Man muss arbeiten, um zu leben.*

5.2 Die Personalpronomen als direktes Objekt

Diese Formen des Personalpronomens werden als direktes Objekt gebraucht. Man fragt *qui?* „wen?“ oder *quoi?* „was?“:

me	*mich*	le	*ihn, es*	nous	*uns*	les	*sie*
te	*dich*	la	*sie*	vous	*euch, Sie*		

Tu as fait les courses et le repas? – Les courses, je **les** ai faites mais le repas, je ne **le** prépare pas!	*Hast du den Einkauf und das Essen gemacht?* *– Das Einkaufen habe ich erledigt, aber das Essen, das mache ich nicht!*
Je **te** dérange?	*Störe ich dich?*

Bei zusammengesetzen Zeiten, die mit *avoir* konjugiert werden, richtet sich das Partizip Perfekt nach dem direkten Objekt, wenn dieses vor dem Verb steht: →18.3.2

Les courses, je **les** ai fait**es**...	*Das Einkaufen habe ich erledigt...*

Vor einem Vokal oder einem stummen *h* werden *me, te* und *le* zu *m', t', l'*:

Il va **m'**emmener dans sa villa.	*Er wird mich in seine Villa mitnehmen.*
Vous aidez votre femme? – Ma femme...! Je **l'**aide beaucoup dans la maison.	*Helfen Sie Ihrer Frau?* *– Meiner Frau...? Ich helfe ihr viel im Haus.*

Das Pronomen *le* kann sowohl ein männliches Substantiv als auch einen ganzen Satz ersetzen:

Tu diras à ta mère que j'ai une conférence importante ce soir. – Oui, je **le** dirai à maman!	*Sag deiner Mutter, dass ich heute Abend eine wichtige Konferenz habe. – Ja, ich werde es Mama sagen!*

5.3 Die Personalpronomen als indirektes Objekt

Diese Formen des Personalpronomens werden als indirektes Objekt gebraucht. Man fragt *à qui?* „wem?", *à quoi?*:

me	*mir*	lui	*ihm, ihr*	nous	*uns*	leur	*ihnen*
te	*dir*			vous	*euch, Ihnen*		

Tu écris **à tes amis**?	*Schreibst du deinen Freunden?*
– Oui, je **leur** écris.	*– Ja, ich schreibe ihnen.*

! Die Präposition *à*, die im Französischen immer das indirekte Objekt einleitet, fällt weg, wenn man das Pronomen verwendet:

Tu demandes **à ta mère**?	*Fragst du deine Mutter?*
– Oui, je **lui** demande.	*– Ja, ich frage sie.*

5.4 Die unverbundenen betonten Personalpronomen

Diese Pronomen betonen verbundene Subjektpronomen *(je, tu, il ...)* und können unabhängig von einem Verb stehen:

moi	*ich, mich, mir*	nous	*wir, uns*
toi	*du, dich, dir*	vous	*ihr, euch, Sie, Ihnen*
lui	*er, ihn, ihm*	eux	*sie, ihnen* (mask. Pl.)
elle	*sie, ihr*	elles	*sie, ihnen* (fem. Pl.)

Diese Formen verwendet man:

- als Verstärkung des Subjekts, um eine Aussage oder eine Absicht besonders hervorzuheben:

Moi, je ne veux pas!	*Ich will nicht!*
Le père de Jacques, **lui**, **il** sait le faire!	*Der Vater von Jacques, der kann das!*

- als Subjekt in Sätzen ohne Verb:

J'aime beaucoup cette actrice. – **Moi** aussi.	*Ich mag diese Schauspielerin sehr. – Ich auch.*

- nach einer Präpositon wie *chez, avec, sans . . .*:

Tu vas **chez lui**? Je peux venir **avec toi**? – Non, je préfère y aller **sans toi**.	*Gehst du zu ihm? Kann ich mitkommen? – Nein, ich gehe lieber ohne dich hin.*

- in Verbindung mit *et, ou, ni . . . ni, ne . . . que* (*und, oder, weder. . . noch, nur*):

Son chef et **elle** assistent à une conférence à Bruxelles.	*Ihr Chef und sie nehmen an einer Konferenz in Brüssel teil.*
Qui a gagné? – Pas de chance, ni **toi** ni **moi**.	*Wer hat gewonnen? – Kein Glück, weder du noch ich.*

- nach *c'est*:

Qui est là? C'est **toi**? – Oui, c'est **moi**, ouvre!	*Wer ist da? Bist du's? – Ja, ich bin's, mach auf!*

5.5 Die Stellung der Objektpronomen

Die Objektpronomen stehen in der Regel vor dem Verb:

La soupe, je ne **la** mangerai pas!	*Die Suppe esse ich nicht!*

Beim bejahten Imperativ werden sie mit Bindestrich an das Verb angehängt:

Prenez un moule et graissez-**le**.	*Nehmen Sie eine Form und fetten Sie sie ein.*

Aber nicht in der verneinten Form: Ne **les** prenez pas! *(Nehmen Sie sie nicht!)*.

Bei zusammengesetzten Zeiten stehen sie vor dem Hilfsverb:

Je **l'**ai fait.	*Ich habe es getan.*

Beim Gebrauch von Modalverben wie *devoir (müssen)*, *pouvoir (können)* sowie bei dem Verb *aller* zur Bildung des *futur proche* stehen die Objektpronomen immer vor dem Infinitiv:

Je vais **le** lire.	*Ich werde es lesen.*
Je peux **le** lire.	*Ich kann es lesen.*

Wenn ein Satz mehrere Objekte hat (direktes und indirektes), steht das indirekte vor dem direkten Objekt; beide stehen vor dem Verb:

Subjekt + indirektes Objekt + direktes Objekt + Verb

Je	**te**	**le**	donne.
Ich	*dir*	*es*	*gebe.*

Aber:

- *lui (ihm, ihr)* und *leur (ihnen)* als indirektes Objekt stehen immer nach dem direkten Objekt:

Le cadeau, je **le lui** donne.	*Das Geschenk, ich gebe es ihm.*

- *me, te, nous, vous* als indirekte Objektpronomen können nicht mit einem anderen indirekten Objektpronomen gebraucht werden. Es muss mit der Präposition *à* und der Form des unverbundenen Personalpronomen nach dem Verb folgen:

Il nous présente **à elle**.	*Er stellt sie uns vor.*

- Diese Lösung gilt auch für eine ganze Reihe von Verben. Sie benötigen zwar die Präposition *à*, vertragen aber keine Ergänzung mit einem Personalpronomen als indirektes Objekt. Die wichtigsten dieser Verben sind:

penser à	*denken an*	rêver à	*träumen von*
faire attention à	*aufpassen auf*	tenir à	*hängen an*
être à	*jdm. gehören*		

Tu penses à Frédérique?	*Du denkst an Frédérique?*
– Oh oui, je pense **à elle**.	*– Oh ja, ich denke an sie.*
Ce sac n'est pas **à vous**?	*Gehört diese Tasche nicht Ihnen?*
– Si, il est **à moi.**	*– Doch, sie gehört mir.*

5.6 Die Reflexivpronomen

Wie im Deutschen beziehen sich die Reflexivpronomen immer auf das Subjekt:

me, m' *mich* te, t' *dich*	se, s' *sich* soi *sich*	nous *uns* vous *euch, sich*	se *sich*

Je **m'**appelle Claire et mon frère **s'**appelle François.	*Ich heiße Claire und mein Bruder François.*

Das Pronomen *soi* ist reflexiv und betont zugleich. Es wird immer mit unpersönlichen Formen und oft nach Präpositionen verwendet. Es wird gebraucht, um allgemeine Regeln aufzustellen:

Chacun pour **soi** et Dieu pour tous!	*Jeder für sich und Gott für alle!*
Il faut toujours avoir des papiers sur **soi**!	*Man muss immer seine Papiere bei sich haben!*

Aber:

En France, on **s'**embrasse souvent pour **se** dire bonjour; en Allemagne, on **se** serre la main.	*In Frankreich küsst man sich oft zur Begrüßung; in Deutschland gibt man sich die Hand.*

6 Die Pronominaladverbien *y* und *en*

6.1 Der Gebrauch von *y*

Das Pronominaladverb *y* ersetzt eine Orts- oder Richtungsangabe, die mit den Präpositionen *à, dans, sur, en* (vor einem Land), *chez, à côté de* etc., gebildet wird. *y* ist unveränderlich:

Tu es déjà allée <u>en Corse</u>? – Non, mais j'**y** vais cet été.	*Bist du schon nach Korsika gefahren? – Nein, aber ich fahre diesen Sommer hin.*
Ma bière n'est pas <u>dans le frigo!</u> – Mais si, elle **y** est!	*Mein Bier ist nicht im Kühlschrank! – Aber natürlich ist es drin!*
<u>A Paris</u>, nous **y** sommes souvent.	*In Paris – da sind wir oft!*

y enfällt vor den Futurformen von *aller* (*irai, iras, ira* etc.):

Tu passes à la pharmacie tout à l'heure? – Non, j'**irai** demain.	*Gehst du nachher bei der Apotheke vorbei? – Nein, ich werde morgen hingehen.*

y steht für Ergänzungen, die mit *à* eingeleitet werden:

Certains carriéristes croient à l'astrologie. Et vous? – Moi, je n'**y** crois pas.	*Manche Karrieristen glauben an Astrologie. Und Sie? – Ich glaube nicht daran.*

y ersetzt sogar ganze Sätze, die nach *à* stehen:

Tu penses à demander une augmentation de salaire? – J'**y** pense tous les soirs.	*Denkst du daran, eine Gehaltserhöhung zu verlangen? – Ich denke jeden Abend daran.*

! *y* steht nicht für Personen. Bei Personen werden die Personalpronomen benutzt:

En voyage, tu penses à tes amis? – Je pense **à eux**, je **leur** écris des cartes postales.	*Denkst du an deine Freunde, wenn du verreist bist? – Ich denke an sie, ich schreibe ihnen Postkarten.*

→ 5.3, 5.4

6.2 Der Gebrauch von *en*

Das Pronominaladverb *en* steht für Ortsangaben, die mit *de* eingeleitet sind:

Tu es déjà là? A quelle heure es-tu parti du bureau? – J'**en** suis parti à 5 heures.	*Du bist schon da! Um wie viel Uhr bist du aus dem Büro gegangen? – Ich bin um 5 Uhr (von dort) gegangen.*

en ersetzt auch ein Objekt mit unbestimmtem Artikel bzw. Teilungsartikel:

Tu as un vélo? – J'**en** ai même deux.	*Hast du ein Fahrrad? – Ich habe sogar zwei (davon).*
De l'argent, il **en** a plein les poches.	*Geld! Er hat die Taschen voll davon.*

en begleitet Verben oder Redewendungen, die mit *de* ergänzt werden:

Avez-vous envie d'écouter le concert? – Je n'**en** ai aucune envie.	*Haben Sie Lust, das Konzert zu hören? – Ich habe gar keine Lust dazu.*
Tu as besoin de ta voiture, cet après-midi? – Non, mais j'**en** aurai besoin demain.	*Brauchst du dein Auto heute Nachmittag? – Nein, aber ich werde es morgen brauchen.*

! *en* soll nicht anstelle von Personen stehen, obwohl man es in der Umgangssprache hören kann:

Et elle t'a parlé de Christian? – Non, elle ne m'a pas parlé **de lui**.	*Und hat sie dir von Christian erzählt? – Nein, sie hat mir nicht von ihm erzählt.*

6.3 Die Stellung von *y* und *en* im Satz

Die Pronominaladverbien *y* und *en* stehen immer unmittelbar vor dem Verb bzw. bei zusammengesetzten Zeiten vor den Hilfsverben *avoir* und *être*:

J'**y** suis allé.	*Ich bin dahin gegangen.*

Bei Modalverben, verbalen Wendungen mit Infinitiv oder *futur proche* stehen sie vor dem Infinitiv:

Les enfants ne veulent pas **en** manger.	*Die Kinder wollen nichts davon essen.*

y und *en* stehen nach dem bejahten Imperativ:

Donnez-m'**en**!	*Geben Sie mir davon!*
Mange**s-en**!	*Iss davon!*

! Wenn das Verb auf Vokal endet *(mange)* wird dem Verb aus phonetischen Gründen ein *s* hinzugefügt, das in der Aussprache hörbar ist.

y steht immer vor *en*:

Il **y en** a encore.	*Davon ist noch etwas da.*

6.4 Einige Redewendungen mit *y* bzw. *en*

Je m'en vais.	*Ich gehe weg.*
Ne vous en faites pas!	*Machen Sie sich nichts daraus.*
Je lui en veux.	*Ich bin ihm/ihr böse.*
Je n'en reviens pas.	*Ich kann es nicht fassen.*
Ça y est!	*Fertig!/Es ist so weit!*
Elle s'y connaît.	*Sie kennt sich damit aus.*
Je n'y tiens pas.	*Ich lege keinen Wert darauf.*
J'en ai assez / marre!	*Ich habe genug!*

7 Das Demonstrativpronomen

Diese Pronomen haben zwei Funktionen: Sie können ein Substantiv begleiten (die so genannten verbundenen, adjektivischen Formen, *adjectifs démonstratifs*), oder es vertreten (die unverbundenen, substantivischen Formen des Pronomens, *pronoms démonstratifs*):

Alors, vous prenez **ce modèle**?	*Nehmen Sie nun dieses Modell?*
– Non, je prends **celui-là**.	*– Nein, ich nehme das dort.*

7.1 Die verbundenen Formen

	Mask.		Fem.	
Sing.	**ce** film	*dieser Film*	**cette** nouvelle	*diese Nachricht*
	cet hôtel	*dieses Hotel*		
Pl.	**ces** films	*diese Filme*	**ces** nouvelles	*diese Nachrichten*

Ce magnétoscope ne vaut rien!	*Dieser Video-Recorder taugt nichts!*
Cette coiffure vous va très bien.	*Diese Frisur steht Ihnen sehr gut.*
Ces tomates sont vertes!	*Diese Tomaten sind grün!*

! *cet* steht vor männlichen Substantiven, die mit einem Vokal bzw. einem stummen *h-* anfangen:

Cet hôtel a bien changé. — *Dieses Hotel hat sich sehr verändert.*
Cet enfant est très sensible. — *Dieses Kind ist sehr sensibel.*

Merken Sie sich folgende Anwendung des Demonstrativpronomens bei Zeitangaben:

Cette nuit, j'ai mal dormi et **ce** matin, je suis arrivé en retard au bureau. **Ce** soir, je vais me coucher tôt. — ***Heute** Nacht habe ich schlecht geschlafen, und **heute** Morgen bin ich zu spät ins Büro gekommen. **Heute** Abend werde ich früh zu Bett gehen.*

7.2 Die unverbundenen Formen

7.2.1 Formen

	Maskulinum		Femininum		Neutrum	
Sing.	celui	*derjenige, der*	celle	*diejenige, die*	ce	*dasjenige, das*
	celui-ci	*dieser da/hier*	celle-ci	*diese da/hier*	ceci	*dieses da/hier*
	celui-là	*dieser dort*	celle-là	*diese dort*	cela ça	*dieses dort/ das da/ das*
Pl.	ceux	*diejenigen, die*	celles	*diejenigen, die*		
	ceux-ci	*diese da/hier*	celles-ci	*diese da/hier*		
	ceux-là	*diese dort*	celles-là	*diese dort*		

Mon morceau est petit, **celui** de Christophe est plus gros! — *Mein Stück ist klein, das von Christophe ist größer!*
Retenez bien **ceci: cela** ne m'intéresse pas! — *Merken Sie sich dies gut: Das interessiert mich nicht!*

In der Umgangssprache wird *ceci* fast immer durch *cela* ersetzt, das fast nur in der zusammengesetzten, gekürzten Form *ça* verwendet wird:

Comment **ça** va? – **Ça** va. — *Wie geht es? – Es geht.*
Ça m'est égal! — *Das ist mir egal!*

7.2.2 Gebrauch

Die zusammengesetzten Formen mit *ci (hier)* und *là (dort)* werden als allein stehende Demonstrativpronomen benutzt,

- um auf Näheres (Formen mit *ci*) oder Ferneres (Formen mit *là*) hinzuweisen, ohne den Namen der Sache oder Person zu nennen:

Oh là là, tu as vu **celui-là**!?	*Hey! Hast du den da gesehen!?*

- bei Gegenüberstellungen von Sachen oder Personen, die bekannt sind oder vorher genannt wurden und nicht wiederholt zu werden brauchen:

Quelle est la bonne direction? – **Celle-là**!	*Welche Richtung ist richtig? – Diese da!*
Vous prenez **ceux-ci** ou **ceux-là**? – Je voudrais **ceux-là**.	*Nehmen Sie diese hier oder jene dort? – Ich hätte gerne diese da.*

! In der Umgangssprache wird fast nur noch *celui-là* verwendet. *celui-ci* klingt fast gekünstelt!

Die einfachen Formen stehen nie allein. Sie werden ebenfalls benutzt, um auf Sachen oder Personen hinzuweisen, ohne ihren Namen zu nennen:

- in Verbindung mit einem Relativpronomen:

Celui qui chante faux ferait mieux de se taire!	*Derjenige, der falsch singt, sollte lieber schweigen!*
Celle que tu veux est trop chère.	*Die, die du willst, ist zu teuer.*

- mit einer nachfolgenden präpositionalen Ergänzung:

Je prends **celui** de droite.	*Ich nehme den (von) rechts.*
Ceux de ma grand-mère sont meilleurs.	*Die meiner Großmutter sind besser.*

- in Verbindung mit einem Partizip Perfekt:

J'aime bien les débats télévisés. Surtout **celui** présenté par J. M. Cabana.	*Ich sehe gerne Diskussionen im Fernsehen. Vor allem die, die J. M. Cabana moderiert.*

Die neutralen Formen, die sich auf ein Wort, aber auch auf einen Sachverhalt beziehen können, werden verwendet:

- in Verbindung mit dem Verb *être*. Dann wird *ce* zu *c'*:

C'est très intéressant.	*Es ist sehr interessant.*
C'est mon fils, il est ingénieur.	*Das ist mein Sohn, er ist Ingenieur.*

! Das Personalpronomen *il* kann in solchen Fällen nicht als Neutrum verwendet werden:

C'est très intéressant.	***Es** ist sehr interessant.*
Il est très intéressant.	***Er** ist sehr interessant.*

→ *il*, 5.1

- in Verbindung mit einem Relativsatz:

Racontez-moi **ce que** vous avez vu.	*Erzählen Sie mir (das), was Sie gesehen haben.*
Ma femme veut travailler, **ce qui** m'inquiète beaucoup.	*Meine Frau will arbeiten, was mich sehr beunruhigt.*

! Während man vor dem deutschen Relativsatz *„das"* weglassen kann, muss beim französischen Relativsatz immer *ce* stehen.

8 Das Possessivpronomen

Im Französischen werden die Possessivpronomen – wie die Demonstrativpronomen – in zwei Gruppen unterteilt: die verbundenen, adjektivischen Possessivpronomen *(adjectifs possessifs)*, die vor einem Substantiv stehen, und die unverbundenen, substantivischen Possessivpronomen *(pronoms possessifs)*, die ein Substantiv vertreten:

→ 7

Ils ont placé **leurs** économies dans des fonds d'épargne-retraite. Nous avons placé **les nôtres** à la banque.	*Sie haben ihre Ersparnisse in Rentenfonds angelegt. Wir haben unsere auf der Bank angelegt.*
Il a mangé **mon** gâteau? Non, c'est **le mien** qu'il a pris!	*Hat er meinen Kuchen gegessen? – Nein, meinen hat er genommen!*

8.1 Die verbundenen Formen

Sie beziehen sich immer auf das Substantiv, das unmittelbar folgt. Deshalb muss man das Gechlecht genau wissen. Das Geschlecht des Besitzers spielt hier im Gegensatz zum Deutschen keine Rolle:

	Mask.		Fem.	
Sing.	**mon** fils	*mein Sohn*	**ma** fille	*meine Tochter*
	ton fils	*dein Sohn*	**ta** fille	*deine Tochter*
	son fils	*sein, ihr Sohn*	**sa** fille	*seine, ihre Tochter*
	notre fils	*unser Sohn*	**notre** fille	*unsere Tochter*
	votre fils	*euer, Ihr Sohn*	**votre** fille	*eure, Ihre Tochter*
	leur fils	*ihr Sohn*	**leur** fille	*ihre Tochter*
Pl.		**mes** enfants	*meine Kinder*	
		tes enfants	*deine Kinder*	
		ses enfants	*seine, ihre Kinder*	
		nos enfants	*unsere Kinder*	
		vos enfants	*eure, Ihre Kinder*	
		leurs enfants	*ihre Kinder*	

Vos enfants ont mangé **mes** cerises! – **Vos** cerises étaient dans **notre** jardin, donc **nos** enfants ont mangé **nos** cerises!

Ihre Kinder haben meine Kirschen gegessen! – Ihre Kirschen waren in unserem Garten, also haben unsere Kinder unsere Kirschen gegessen!

Vor einem Vokal oder einem stummen *h-* dürfen die weiblichen Formen *ma, ta, sa* nicht verwendet werden. In diesen Fällen müssen wir auf die männlichen Formen zurückgreifen:

Je vais au cinéma avec mon ami Pierre et **mon amie** Caroline.

Ich gehe mit meinem Freund Pierre und meiner Freundin Caroline ins Kino.

Son histoire n'est pas passionante.

Seine Geschichte ist nicht spannend.

Diese Regel gilt auch, wenn ein Adjektiv vorangestellt wird, das mit einem Vokal oder einem stummen *h-* anfängt:

Ton adorable fille vient de me mordre. — *Deine entzückende Tochter hat mich gerade gebissen.*

8.2 Die unverbundenen Formen

Die unverbundenen Formen ersetzen ein Substantiv. Deshalb sind sie nützlich zum Vermeiden von Wiederholungen. Im Gegensatz zum Deutschen setzen sie sich aus zwei Wörtern zusammen, da der bestimmte Artikel immer dazugehört. Artikel und Pronomen stimmen mit dem Bezugswort in Zahl und Geschlecht überein:

	Mask.		Fem.	
Sing.	le mien	*meiner*	la mienne	*meine*
	le tien	*deiner*	la tienne	*deine*
	le sien	*seiner, ihrer*	la sienne	*seine, ihre*
	le nôtre	*unserer*	la nôtre	*unsere*
	le vôtre	*euerer, Ihrer*	la vôtre	*eure, Ihre*
	le leur	*ihrer*	la leur	*ihre*
Pl.	les miens	*meine*	les miennes	*meine*
	les tiens	*deine*	les tiennes	*deine*
	les siens	*seine, ihre*	les siennes	*seine, ihre*
	les nôtres	*unsere*	les nôtres	*unsere*
	les vôtres	*eure, Ihre*	les vôtres	*eure, Ihre*
	les leurs	*ihre*	les leurs	*ihre*

C'est ma place! – Je regrette, mais c'est **la mienne**. — *Das ist mein Platz! – Tut mir Leid, aber das ist meiner!*

La vôtre est plus rapide, mais **la nôtre** consomme moins. — *Ihres (Auto) ist schneller, aber unseres verbraucht weniger.*

Die verbundenen Formen *notre/votre*, und die unverbundenen *nôtre/vôtre* sind in ihrer Aussprache unterschiedlich:

– *notre, votre* wie in *école* (offenes *o*)
– *nôtre, vôtre* wie in *trop* (geschlossenes *o*)

Beachten Sie ebenfalls, dass der Artikel mit den Präpositionen *à* und *de* verschmilzt:

à + le mien → **au** mien	de + le mien → **du** mien
à + le tien → **au** tien	de + le tien → **du** tien
à + les miennes → **aux** miennes	de + les miennes → **des** miennes
usw.	usw.

Si mon père ne veut pas, on demandera **au tien**. — *Wenn mein Vater nicht will, werden wir deinen fragen.*

Je ne peux pas m'occuper des papiers de madame et **des vôtres** en même temps! — *Ich kann mich nicht gleichzeitig um die Papiere der gnädigen Frau und um die Ihrigen kümmern!*

9 Das Indefinitpronomen

Wie andere Pronomen können auch die Indefinitpronomen zwei Funktionen haben: Einige begleiten ein Substantiv und werden mit ihm verbunden gebraucht; andere vertreten es, werden also unverbunden als Substantiv gebraucht. Einige schließlich haben beide Funktionen: sie können ein Substantiv begleiten oder es ersetzen. Im Französischen können einige Indefinitpronomen aber auch als Adverb vor einem Adjektiv oder Partizip stehen.

9.1 Die Indefinitpronomen, die verbunden und unverbunden gebraucht werden

9.1.1 *tout*

tout (ganz, ganze ...; jeder, jede ...; alle, alles ...) kann sowohl begleitend vor einem Substantiv als auch allein stehen und ein Substantiv ersetzen. In jedem Fall – als verbundene oder unverbundene Form – wird es dem Substantiv, das es begleitet oder vertritt, angeglichen.
tout kann aber auch vor einem Adjektiv als Adverb stehen.

tout als verbundene Form

	Mask.		Fem.	
Sing.	**tout** le temps	*die ganze Zeit*	**toute** la vie	*das ganze Leben*
Pl.	**tous** les ans	*alle Jahre*	**toutes** les saisons	*alle Jahreszeiten*

Als verbundene Form begleitet *tout* ein Substantiv mit Artikel, Possessiv- oder Demonstrativpronomen:

Le 14 juillet, **tout le** monde est dans la rue. — *Am 14. Juli sind alle (Leute) auf der Straße.*

Elle a fait don de **toutes ses** économies à une organisation d'aide humanitaire. — *Sie hat ihre ganzen Ersparnisse einer humanitären Hilfsorganisation gespendet.*

Tous ces médicaments le rendent malade. — *Alle diese Medikamente machen ihn krank.*

tout kann auch ein Substantiv ohne Artikel begleiten. Wir finden es vor allem in kurzen, unpersönlichen Anweisungen:

Pour **toute** demande, s'adresser au secrétariat. — *Bezüglich jeder Anfrage wenden Sie sich an das Sekretariat.*

Toutes directions. — *Alle Richtungen.*

Le stationnement de **tout** véhicule est interdit. — *Das Parken von Fahrzeugen aller Art ist verboten.*

tout wird vor Zeitangaben im Singular oder Plural mit unterschiedlichen Bedeutungen benutzt:

toute la journée — *den ganzen Tag*
tout le temps — *die ganze Zeit*
tous les jours — *jeden Tag, alle Tage, täglich*
toutes les cinq minutes — *alle fünf Minuten*

tout als unverbundene Form

	Neutr.	Mask.	Fem.
Sing.	**tout** *alles*		
Pl.		**tous** *alle*	**toutes** *alle*

Tout est calme. — *Alles ist ruhig.*

Les petits actionnaires, les gros actionnaires, **tous** étaient venus à l'assemblée générale! — *Die Kleinaktionäre, die Großaktionäre, alle waren zur Vollversammlung gekommen!*

! Im Unterschied zu den verbundenen Formen wird das *-s* von *tous* ausgesprochen.

Die Pronomen *tout, tous, toutes* können nicht unmittelbar vor einem Relativpronomen stehen. Deshalb muss ein Demonstrativpronomen eingefügt werden:

→ 7

„Je remercie **toutes celles** et **tous ceux** qui m'ont fait confiance." — *„Ich bedanke mich bei all denen, die mir ihr Vertrauen geschenkt haben." (Die Politiker nach Wahlen)*

C'est **tout ce** que je veux. — *Das ist alles, was ich will.*

tout vor einem Adjektiv

tout kann vor einem Adjektiv bzw. Partizip Perfekt stehen und als Adverb eine Eigenschaft näher bestimmen. Im Gegensatz zu den Adverbien ist *tout* vor weiblichen Adjektiven aber veränderlich:

Suzanne, tu pars en vacances **toute** seule? – Non, mais mon copain est parti **tout** seul! — *Suzanne, fährst du ganz alleine in Urlaub? – Nein, aber mein Freund ist allein gefahren!*

Ils sont **tout** contents de leur travail. — *Sie sind ganz zufrieden mit ihrer Arbeit.*

Elles sont **toutes** contentes du résultat. — *Sie sind ganz zufrieden mit dem Ergebnis.*

Vor männlichen Adjektiven bleibt *tout* sowohl im Singular als auch im Plural unverändert. Vor weiblichen Adjektiven, die mit Vokal oder stummem *h-* anfangen, muss *tout* nicht angeglichen werden:

Elles sont **tout(es)** heureuses. — *Sie sind ganz glücklich.*

Cet été, nous avons loué un appartement avec une cuisine **tout(e)** équipée. — *Diesen Sommer haben wir eine Wohnung mit einer vollständig eingerichteten Küche gemietet.*

Einige Wendungen mit *tout:*

tout à fait	*vollständig*	tout à coup	*plötzlich*
tout à l'heure	*soeben, gleich*	de toute façon	*auf jeden Fall, sowieso*
tout de suite	*sofort*	en tout cas	*jedenfalls*

9.1.2 *aucun, nul*

aucun und *nul* können vor einem Substantiv stehen oder es vertreten; *nul* gehört eher zum gehobenen Sprachgebrauch. Beide Formen werden nur im Singular benutzt:

	Mask.		Fem.	
Sing.	aucun	*kein(er)*	aucune	*keine*
	nul	*kein(er)*	nulle	*keine*

Comment tu n'as **aucun** disque compact de Renaud? – Ben, non, **aucun**!	*Was, hast du keine einzige CD von Renaud? – Nee, keine Einzige!*
Aucune réclamation ne sera acceptée après le 15 juin.	*Nach dem 15. Juni werden keine Beanstandungen angenommen.*
Nul ne peut le dire.	*Keiner/Niemand kann es sagen.*
Nulle femme n'est plus séduisante que toi.	*Keine Frau ist so bezaubernd wie du.*

Mit *aucun, aucune* muss das verneinte Adverb *ne* vor dem Verb stehen. *aucun, aucune* dient der Verstärkung:

Je **n'**ai **aucune** envie d'y aller.	*Ich habe gar keine Lust dahin zu gehen.*

nul finden wir auch in dem feststehenden Ausdruck *nulle part (nirgends/nirgendwo)*:

On s'est déjà rencontré quelque part…! – Et moi, je ne vous ai vu **nulle** part!	*Wir sind uns schon mal irgendwo begegnet…! – Und ich aber habe Sie noch nicht irgendwo gesehen!* (wörtl.: *nirgends*)

9.1.3 *autre*

autre kann vor einem Substantiv stehen oder es vertreten. Es ist im Geschlecht unveränderlich:

	Mask./Fem.	
Sing.	autre	*andere(r, s)*
Pl.	autres	*andere*

J'ai une **autre** proposition à vous faire.	*Ich mache Ihnen einen anderen Vorschlag.*
Ils ont adopté un **autre** enfant.	*Sie haben ein weiteres Kind adoptiert.*
Je préfère tes **autres** lunettes!	*Mir gefällt deine andere Brille besser!*
Cet ordinateur est trop lent. En avez-vous d'**autres**?	*Dieser Computer ist zu langsam. Haben Sie noch andere?*

Wie im Deutschen kann *autre* nicht allein stehen, sondern ein Artikel oder ein Possessivpronomen muss voranstehen.

Mit *l'un(e) … l'autre, les un(e)s … les autres* wird ein Gegensatz ausgedrückt:

Voyez-vous, **l'un** est trop compliqué pour vous, **l'autre** trop mauvais.	*Sehen Sie, der eine (Computer) ist zu kompliziert für Sie, der andere zu schlecht.*

9.1.4 *certain*

certain kann vor einem Substantiv stehen oder es vertreten. Es ist in Geschlecht und Zahl veränderlich:

	Mask.		Fem.	
Sing.	certain	*gewisser*	certaine	*gewisse*
Pl.	certains	*gewisse, manche*	certaines	*gewisse, manche*

Vous connaissez la recette d'une **certaine** Mme Tatin?	*Kennen Sie das Rezept einer gewissen Frau Tatin?*
Un **certain** parfum embaumait la pièce.	*Ein gewisser Duft erfüllte den Raum.*

On trouve des femmes dans tous les domaines: **certaines** vont même dans l'espace.	*Man findet Frauen in allen Bereichen; manche fliegen sogar ins Weltall.*

! Im Singular wird *certain* immer mit dem unbestimmten Artikel verwendet: *un certain, une certaine.*

9.1.5 *même*

même kann ein Substantiv begleiten, es vertreten oder als Adverb im Satz stehen. Es ist im Geschlecht unveränderlich:

	Mask./Fem.	
Sing.	(le/la) même	*der-/die-/dasselbe; selbst; gleich*
Pl.	(les) mêmes	*dieselben; selbst*

Nous n'avons pas **les mêmes** goûts.	*Wir haben nicht denselben Geschmack.*
Cette robe me plaît beaucoup. Avez-vous **la même** en 40?	*Dieses Kleid gefällt mir sehr. Haben Sie das gleiche in Größe 40?*

même wird wie im Deutschen auch zur Betonung benutzt. Es wird dann den betonten Formen des Personalpronomens oder dem Substantiv nachgestellt:

→ 5.4

Wenn zwei französische Autofahrer sich begegnen, kann es zu dieser Form der Begrüßung kommen:

„Chauffard!" – „Toi-**même**!"	*„(Verkehrs-) Rowdy!" – „Selbst einer!"*
Il a gagné au loto le jour **même** de son mariage.	*Er hat genau am Tag seiner Hochzeit im Lotto gewonnen.*

même kann auch ein Adverb sein. Es bedeutet dann *„sogar"*:

En France, les magasins sont ouverts **même** le dimanche.	*In Frankreich sind die Geschäfte sogar sonntags geöffnet.*
Elles ont **même** fait du stop pour partir!	*Sie sind sogar per Anhalter weggefahren!*

9.1.6 *plusieurs*

plusieurs (mehrere) steht immer im Plural und ist im Geschlecht unveränderlich:

Nous n'avons pas de ses nouvelles depuis **plusieurs** jours.	*Wir haben seit mehreren Tagen keine Nachrichten von ihm/ihr.*
Ce matin, un train a déraillé. De nombreux passagers sont blessés; **plusieurs** d'entre eux se trouvent dans un état grave.	*Heute Morgen ist ein Zug entgleist. Zahlreiche Passagiere sind verletzt; mehrere sind lebensgefährlich verletzt.*

9.2 Die Indefinitpronomen, die nur verbunden gebraucht werden

9.2.1 *chaque*

chaque (jeder, jede, jedes) ist unveränderlich und wird nur im Singular gebraucht:

Elle fait sa gymnastique **chaque** matin.	*Sie macht ihre Gymnastik jeden Morgen.*
Chaque année, nous partons en vacances dans les Alpes.	*Jedes Jahr fahren wir im Urlaub in die Alpen.*

9.2.2 *quelque*

quelque (irgendein, ein paar...) hat nur eine Singular- und eine Pluralform:

	Mask./Fem.	
Sing.	quelque	*irgendein(e), ein wenig*
Pl.	quelques	*einige, ein paar*

Quelques manifestants ont lancé des pierres.	*Einige Demonstranten haben Steine geworfen.*
As-tu acheté des fruits? – Seulement **quelques** bananes.	*Hast du Obst gekauft? – Nur ein paar Bananen.*

quelque steht im Singular meist vor abstrakten Begriffen; es gehört der literarischen Sprache an:

Nous eûmes **quelque** peine à la convaincre.	*Wir hatten ein wenig Mühe, sie zu überzeugen.*

9.3 Die Indefinitpronomen, die nur unverbunden gebraucht werden

9.3.1 *chacun*

chacun (jede/r) wird nur im Singular benutzt:

	Mask.		Fem.	
Sing.	chacun	*jede(r)*	chacune	*jede*

Pour Noël, le directeur a donné une petite prime à **chacun** de nous.	*Zu Weihnachten hat der Direktor jedem von uns eine kleine Prämie überreicht.*

9.3.2 *quelqu'un, personne*

quelqu' un (jemand) steht immer für Personen; es wird auch im Plural gebraucht:

	Mask.		Fem.	
Sing.	quelqu'un	*jemand/irgendeiner*	quelqu'une	*irgendeine*
Pl.	quelques-uns	*einige*	quelques-unes	*einige*

Quelqu'un voudrait vous parler.	*Jemand möchte Sie sprechen.*
Le jury a examiné toutes les candidatures; **quelques-unes** ont été sélectionnées.	*Die Jury hat alle Bewerbungen geprüft; einige wurden ausgewählt.*

personne (niemand) ist unveränderlich. Es wird in einem vollständigen Satz immer mit *ne* verwendet:

Je **ne** connais **personne**.	*Ich kenne niemanden.*
Personne n'a téléphoné.	*Niemand hat angerufen.*

Wenn der Satz unvollständig ist, steht kein *ne*:

Quelqu'un est venu pendant mon absence?	*Ist jemand während meiner Abwesenheit gekommen?*
– Non, **personne**.	*– Nein, niemand.*

9.3.3 *quelque chose, rien*

quelque chose (etwas) und *rien* (nichts) sind unveränderlich:

Madame, vous avez perdu **quelque chose.**	*Meine Dame, Sie haben etwas verloren.*
Je **ne** demande **rien** d'impossible.	*Ich verlange nichts Unmögliches.*
Rien ne va plus!	*Nichts geht mehr!*

rien wird in einem vollständigen Satz immer mit *ne* verwendet. In unvollständigen Sätzen steht *rien* allein:

→ *personne*, 9.3.2

Vous avez quelque chose à déclarer? – Non, **rien**.	*Haben Sie etwas zu verzollen? – Nein, nichts.*

9.3.4 *on*

on ist ein neutrales Pronomen, das nur als Subjekt in unpersönlichen Sätzen vorkommt. Es wird häufig benutzt und hat drei Bedeutungen:

- *on = quelqu'un* (jemand)

Mme Simon, on vous attend à la réception.	*Frau Simon, man (= jemand) erwartet Sie an der Rezeption.*

! Im Gegensatz zum Deutschen bevorzugt die französische Sprache die Aktiv-Form: das *on* steht dann für die unbekannten Täter:

On a cambriolé mon appartement!	*In meine Wohnung ist eingebrochen worden! (= Jemand ist in meine Wohnung eingebrochen.)*

→ *on*, 28.5

- *on = les gens* (die Leute; man)

On dit souvent des choses qu'on ne pense pas.	*Man sagt oft Dinge, die man nicht denkt.*

- *on = nous* (wir)

Hier, ma fille et moi, on n'est pas sorti(es). On a regardé la télé. — *Meine Tochter und ich sind gestern nicht ausgegangen. Wir haben ferngesehen.*

! Das Partizip Perfekt – hier *sorti(es)* – kann, muss aber nicht, verändert werden.

! In der gehobenen und literarischen Sprache steht nach *si, que, où* und *et* ein *l'* vor dem *on*:

Que **l'**on s'en souvienne! — *Daran sollte man sich erinnern!*

10 Fragesätze und Fragewörter

10.1 Die Fragesätze

Anders als im Deutschen kann man im Französischen die Fragen auf drei verschiedene Art und Weise bilden: die Intonationsfrage, die Frage mit *est-ce que*, und die Inversionsfrage:

Vous êtes touriste? — *Sind Sie Tourist?*
Est-ce que vous avez une carte d'identité? — *Haben Sie einen Ausweis dabei?*
Où allez-vous habiter? — *Wo werden Sie wohnen?*

10.1.1 Die Intonationsfrage

In der Umgangssprache wird häufig die Intonationsfrage benutzt. Die Wortstellung des Aussagesatzes wird beibehalten. Die Frage kann nur durch die veränderte Satzmelodie erkannt werden: am Ende des Satzes muss die Stimme gehoben werden:

Vous avez vos papiers? — *Haben Sie Ihre Papiere?*

Ähnlich sind die Fragen, in denen das Fragewort am Satzende steht:

Vous venez **d'où**? — *Woher kommen Sie?*
Vous repartez **quand**? — *Wann fahren Sie zurück?*
Je vous dois **combien**? — *Wie viel schulde ich Ihnen?*

10.1.2 Die Frage mit *est-ce que*

Im Gegensatz zur Intonationsfrage wird bereits durch den Gebrauch von *est-ce que* deutlich, dass es sich um eine Frage handelt. Die Reihenfolge Subjekt – Prädikat bleibt wie im Aussagesatz erhalten. Diese Frage gehört der Umgangssprache an. In der Schriftsprache sollte die Inversionsfrage verwendet werden:

→ 10.1.3

Est-ce que vous avez des papiers?	*Haben Sie Papiere?*
D'où **est-ce que** vous venez?	*Woher kommen Sie?*
Quand **est-ce que** vous repartez?	*Wann fahren Sie zurück?*

est-ce que kann jedes Fragewort begleiten und wird ihm nachgestellt. Bei Fragen mit *quel* steht *est-ce que* nach dem Substantiv:

Qu'est-ce que vous faites?	*Was machen Sie?*
Pourquoi est-ce que tu es en retard?	*Warum bist du zu spät?*
Quelle cravate est-ce que je dois mettre?	*Welche Krawatte soll ich anziehen?*

! *que* wird zu *qu'* vor einem Vokal oder vor einem stummen *h*.

10.1.3 Die Inversionsfrage

Mit der veränderten Reihenfolge – erst Verb, dann Subjekt (Inversion) – bildet man die grammatikalisch korrekte Frageform. Wenn das Subjekt in Form eines Pronomens auftritt, dann wird es mit einem Bindestrich mit dem Subjekt verbunden:

Est-il arrivé?	*Ist er gekommen?*
Attendez-vous depuis longtemps?	*Warten Sie schon lange?*

Wenn durch die Inversion zwei Vokale aufeinander treffen – dies ist bei der 3. Person Singular oft der Fall – dann wird ein *-t-* (zwischen zwei Bindestrichen!) eingeschoben, das die Aussprache erleichtert:

Où va-**t**-il après la conférence?	*Wohin geht er nach der Konferenz?*
Acceptera-**t**-elle le contrat?	*Wird sie den Vertrag akzeptieren?*

Ist das Subjekt des Satzes ein Pronomen, kann es umgestellt werden. Ist es aber ein Eigenname oder ein Substantiv mit Artikel, Possessivpronomen usw., dann steht dieses vor dem Verb und wird durch das entsprechende Personalpronomen nach dem Verb wieder aufgenommen:

Monsieur Dupont **est-il** arrivé?	*Ist Herr Dupont gekommen?*
Les enfants **ont-ils** déjà mangé?	*Haben die Kinder schon gegessen?*

Wenn Fragewörter benutzt werden und dem Verb keine weitere Ergänzung folgt, sind zwei Formen der Inversionsfrage möglich:

Où le chat s'est-**il** caché? Où s'est caché le chat?	*Wo hat sich die Katze versteckt?*
Quand le film commence-t-**il**? Quand commence le film?	*Wann fängt der Film an?*

Aber nur:	Où le chat a-t-il caché **ma laine**?	*Wo hat die Katze meine Wolle versteckt?*

Mit *pourquoi (warum)* ist nur eine Frageform möglich:

Pourquoi l'ordinateur ne fonctionne-t-**il** plus?	*Warum funktioniert der Computer nicht mehr?*
Pourquoi le camembert est-**il** si cher en Allemagne?	*Warum ist Camembert in Deutschland so teuer?*

10.2 Die Fragewörter

10.2.1 *qui, que, quoi*

Für Fragen nach Personen wird immer *qui*, für Fragen nach Sachen wird *que* bzw. *quoi* verwendet. *quoi* steht nach Präpositionen oder am Ende des Satzes:

Qui est-ce?	*Wer ist es?*
A qui voulez-vous parlez?	*Wen wollen Sie sprechen?*
Que cherchez-vous?	*Was suchen Sie?*
A quoi est-ce que tu penses?	*Woran denkst du?*
Qu'est-ce qu'elle a dit?	*Was hat sie gesagt?*
Qui est-ce que tu préfères?	*Wen magst du lieber?*

In der Umgangssprache kann das Fragewort am Ende des Satzes stehen:

C'est **qui**?	*Wer ist das?*
Vous voulez parler **à qui**?	*Wen wollen Sie sprechen?*
Vous cherchez **quoi**?	*Was suchen Sie?*
Tu penses **à quoi**?	*Woran denkst du?*
Elle a dit **quoi**?	*Was hat sie gesagt?*
Tu préfères **quoi**?	*Was magst du lieber?*

est-ce que wird durch *est-ce qui* ersetzt, wenn man nach dem Subjekt fragt:

Qui est-ce **qui** parle?	*Wer spricht?*
Qu'est-ce **qui** se passe?	*Was ist los?*

10.2.2 *quel, lequel* und Ableitungen

Für Fragen nach Sachen oder Personen aus einer bestimmten Gruppe hat man im Französischen wie im Deutschen zwei Möglichkeiten zur Verfügung, die Frage mit *quel* oder mit *lequel*.

Die Frage mit *quel*

quel ist ein Adjektiv und begleitet immer ein Substantiv, mit dem es in Zahl und Geschlecht übereinstimmt:

	Mask.		Fem.	
Sing.	quel	*welcher*	quelle	*welche*
Pl.	quels	*welche*	quelles	*welche*

Quel candidat devons-nous prendre?	*Welchen Bewerber sollen wir nehmen?*

Obwohl *quel „welcher", „welche"*... bedeutet, finden wir es mit verschiedenen Bedeutungen in einigen sehr gebräuchlichen Fragen:

Quelle heure est-il?	*Wie viel Uhr ist es?*
Quel temps fait-il?	*Wie ist das Wetter?*
Quel âge a-t-elle?	*Wie alt ist sie?*
Quel est votre nom?	*Wie ist Ihr Name?*

Die Frage mit *lequel*

lequel hingegen ist ein Pronomen, d. h. es vertritt ein Substantiv und richtet sich in seiner Form nach diesem:

	Mask.		Fem.	
Sing.	lequel	*welcher*	laquelle	*welche*
Pl.	lesquels	*welche*	lesquelles	*welche*

Je voudrais 1 kg de pommes. **Lesquelles** sont les meilleures? — *Ich hätte gerne ein Kilo Äpfel. Welche sind die besten?*

Il y a beaucoup de listes. Pour **laquelle** est-ce que tu votes? — *Es gibt viele Listen. Für welche stimmst du?*

Je sors avec des amis.
– Avec **lesquels**? — *Ich gehe mit Freunden aus.*
– Mit welchen?

Mit den Präpositionen *à* und *de* verändern sich *lequel* und seine anderen Formen wie folgt:

	lequel	**laquelle**	**lesquels**	**lesquelles**
mit *à*:	auquel	à laquelle	auxquels	auxquelles
mit *de*:	duquel	de laquelle	desquels	desquelles

Le guide indique trois bons hôtels. **Auquel** est-ce que je dois téléphoner? — *Im Führer sind drei gute Hotels verzeichnet. Bei welchem soll ich anrufen?*

Il parle de nouveaux livres.
– **Desquels** parle-t-il? — *Er spricht über neue Bücher.*
– Über welche spricht er?

10.2.3 *où, quand, comment, combien de, pourquoi*

Üblicherweise fängt die Frage mit dem Fragewort an.
Nur bei der Intonationsfrage wird das Fragewort an das Ende gestellt:

Où partez-**vous**? — *Wohin fahren Sie?*
Où **est-ce que** vous partez?
Vous partez **où**?

Quand arrivent-**ils**? — *Wann kommen sie an?*
Quand **est-ce qu'**ils arrivent?
Ils arrivent **quand**?

Aber: *pourquoi* kann nur am Satzanfang stehen:
Pourquoi pleures-tu? — *Warum weinst du?*

combien wird mit Hilfe von *de* mit einem Substantiv verbunden. Es kann aber auch allein stehend verwendet werden:

Combien de tomates voulez-vous?	*Wie viele Tomaten wollen Sie?*
Combien gagnez-vous?	*Wie viel verdienen Sie?*

Einige Fragewörter können – wie im Deutschen – mit einer Präposition kombiniert werden:

Pour quand est-ce que tu dois avoir terminé?	*Bis wann musst du fertig sein?*
Dans combien de jours partez-vous?	*In wie vielen Tagen fahrt ihr ab?*

Das Fragewort kann auch an den Satzanfang gestellt werden, ohne Inversion oder Verwendung von *est-ce que*. Diese Form ist jedoch sehr umgangssprachlich:

Où vous allez?	*Wohin geht ihr?*
Comment tu t'appelles?	*Wie heißt du?*

11 Relativpronomen und Relativsätze

Mit einem Relativpronomen kann ein Nebensatz eingeleitet werden, der eine zusätzliche Aussage über eine Person oder Sache macht. Die häufigsten Relativpronomen sind *qui, que, où* und *dont.*

11.1 *qui*

qui (der, die, das) ist immer **Subjekt** des Relativsatzes. Es kann sich auf Personen und Sachen im Singular und Plural beziehen. Es ist unveränderlich:

Je connais un monsieur **qui** ne part jamais en vacances.	*Ich kenne einen Herrn, der nie in Urlaub fährt.*
Il n'aime pas les gens **qui** arrivent toujours en retard.	*Er mag keine Leute, die immer zu spät kommen.*
Voilà le bateau **qui** a gagné.	*Da ist das Boot, das gewonnen hat.*
Je voudrais la jupe **qui** est en vitrine.	*Ich möchte gerne den Rock kaufen, der im Schaufenster ist.*

11.2 *que*

que (den, die, das) ist immer **direktes Objekt** des Relativsatzes. Es bezieht sich ebenso auf Personen oder Sachen im Singular und Plural. Es ist unveränderlich:

La dame **que** tu vois là-bas, c'est ma grand-mère.	*Die Dame, die du da hinten siehst, (das) ist meine Großmutter.*
Je n'ai pas commandé les livres **que** vous m'avez envoyés.	*Die Bücher, die Sie mir geschickt haben, habe ich nicht bestellt.*
J'ai eu un tout petit accident avec la voiture **que** tu m'as prêtée.	*Ich habe einen ganz kleinen Unfall mit dem Wagen gehabt, den du mir geliehen hast.*

! Nicht vergessen: Im Perfekt mit dem Hilfsverb *avoir* richtet sich das Partizip nach dem direkten Objekt, wenn dieses vor dem Verb steht; mit *que* ist dies immer der Fall: *... la voiture que tu m'as prêtée.* → 18.3.2

Vor einem Vokal oder einem stummen *h* wird das Relativpronomen *que* zu *qu'*. Die Form *qui* darf aber nicht apostrophiert werden:

Le film **qu'**il préfère, c'est „Casablanca".	*Der Film, den er am liebsten mag, ist „Casablanca".*
Ce cours est idéal pour ceux **qui** aiment l'art moderne.	*Dieser Kurs ist ideal für diejenigen, die die moderne Kunst lieben.*

11.3 *lequel*

In der gehobenen Sprache wird *qui* oft durch das Relativpronomen *lequel* ersetzt. Diese Möglichkeit – *der* durch *welcher* zu ersetzen – gibt es auch im Deutschen:

	Mask.		Fem.	
Sing.	lequel	*welcher*	laquelle	*welche*
Pl.	lesquels	*welche*	lesquelles	*welche*

Mme Demonfort m'a présenté son gendre, **lequel** me plaît beaucoup.	*Frau Demonfort hat mir ihren Schwiegersohn vorgestellt, welcher mir sehr gefällt.*

11.4 Die Relativpronomen nach einer Prädpositon

Nach einer Präposition (außer *de*, vgl. 11.5 „*dont*“) müssen wir immer unterscheiden, ob das Relativpronomen sich auf Personen oder Sachen bezieht:

- Für Personen werden *qui* oder *lequel (laquelle, lesquels, lesquelles)* benutzt.

- Für Sachen wird nur *lequel (laquelle . . .)* benutzt:

M. Rico pour **qui / lequel** je travaille a gagné sa fortune au loto.	*Herr Rico, für den ich arbeite, hat sein Geld im Lotto gewonnen.*
La fille avec **qui / laquelle** je loge fait la fête tous les jours.	*Das Mädchen, mit dem ich zusammen wohne, feiert jeden Tag ein Fest.*
J'ai encore beaucoup de lettres **auxquelles** je dois répondre.	*Ich habe noch viele Briefe, die ich beantworten muss.*

!

à + lequel = auquel	à + laquelle = à laquelle
à + lesquels = auxquels	à + lesquelles = auxquelles

11.5 *dont*

dont vertritt im Relativsatz eine Ergänzung, die mit der Präposition *de* eingeleitet wird. Es kann sich auf Sachen oder Personen beziehen. *dont* ist unveränderlich:

Ma voisine, **dont** le mari est député, nous a invité à dîner.	*Meine Nachbarin, deren Mann Abgeordneter ist, hat uns zum Abendessen eingeladen.*
La personne **dont** il parle . . . (Il parle **d'**une personne.)	*Die Person, von der er spricht . . .* *(Er spricht über eine Person.)*
Les vacances **dont** vous avez tellement besoin . . . (Vous avez besoin **de** vacances.)	*Der Urlaub, den Sie so nötig brauchen . . .* *(Sie brauchen Urlaub.)*
Le chef **dont** ils ont peur . . . (Ils ont peur **du** chef.)	*Der Chef, vor dem sie Angst haben . . .* *(Sie haben Angst vor dem Chef.)*

Aber: *dont* darf nie nach zusammengesetzten Präpositionen wie *à côté de (neben)*, *en face de (gegenüber von)*, *près de (in der Nähe von)*, *au-dessus de (unter)* etc. benutzt werden. In diesen Fällen müssen wir auf das Relativpronomen *lequel* zurückgreifen, das sich wie folgt verändert:

de + lequel = duquel	de + laquelle = de laquelle
de + lesquels = desquels	de + lesquelles = desquelles

L'homme **à côté duquel** j'étais assise ressemblait à A. Schwarzenegger. — *Der Mann, neben dem ich saß, sah wie A. S. aus.*

La tour en face **de laquelle** j'habite me cache toujours le soleil. — (wörtl.) *Der Turm, gegenüber dem ich wohne, nimmt mir immer die Sonne weg.*

11.6 *quoi*

quoi bezieht sich ausschließlich auf Sachen und steht nur nach Präpositionen:

J'ai entendu du bruit **après quoi** j'ai appelé la police. — *Ich habe Geräusche gehört, danach habe ich die Polizei angerufen.*

Il n'y a pas **de quoi**! — *Keine Ursache!*

quoi wird auch verwendet:

- in Bezug auf *ce (das)*, *quelque chose (etwas)* und *rien (nichts)*:

  Comment demander une augmentation à ton chef, c'est **(ce)** à **quoi** tu dois penser! — *Wie du bei deinem Chef um eine Lohnerhöhung nachfragen kannst, daran solltest du denken!* (wörtl.: *das ist das, woran du . . .*)

  Mais Pierre, se marier c'est quelque chose à **quoi** il faut bien réfléchir! — *Aber Pierre, heiraten ist eine Sache, die gut überlegt sein sollte! (über die man gut nachdenken muss)*

- ohne Bezugswort:

Das Relativpronomen *quoi* kann auch ohne Bezugswort nach einer Präposition stehen. Wir finden es oft in feststehenden Ausdrücken mit einem Infinitiv:

Il n'y a pas **de quoi** rire. — *Es gibt nichts zum Lachen!*

11.7 *où*

Anders als im Deutschen kann sich das Relativpronomen *où* auf Orts- und Zeitangaben beziehen:

Vous connaissez la ville **où** je suis né?	*Kennen Sie die Stadt, in der ich geboren bin?*
Je me souviens; c'est le jour **où** on a été cambriolé.	*Ich erinnere mich; das war der Tag, als bei uns eingebrochen wurde.*

où kann auch nach den Präpositionen *de (d'où)* und *par (par où)* stehen:

La région **d'où** je viens …	*Der Gegend, aus der/woher ich komme …*
Les petits chemins **par où** nous allions …	*Die kleinen Wege, durch die wir gingen …*

où steht immer nach Substantiven wie *l'époque, la saison, le mois, la semaine, le jour, le matin, le soir, l'heure, la minute, la seconde, le moment, l'instant* etc.:

Tu dors encore à l'heure **où** je me lève!	*Du schläfst noch (zu der Zeit), wenn ich aufstehe!*
Le téléphone a sonné au moment **où** j'ai ouvert la porte.	*Das Telefon hat in dem Moment geklingelt, als ich die Tür öffnete.*

Aber: Nach *fois* (z. B. *chaque fois jedes Mal*, *dernière fois letztes Mal*, *toutes les fois alle Male*) steht immer *que*:

La première fois **que** j'ai conduit dans Paris, j'ai eu trois contraventions.	*Als ich das erste Mal Auto in Paris fuhr, habe ich drei Strafzettel bekommen.*

11.8 Satzstellung und Zeichensetzung im Relativsatz

Im Französischen ist die Satzstellung in einem Relativsatz die gleiche wie in einem Hauptsatz. Anders als im Deutschen steht das Verb nie am Ende des Relativsatzes:

La ville dont on voit les nouvelles tours …	*Die Stadt, deren neue Hochhäuser man sieht …*

Die französische Zeichensetzung ist im Allgemeinen nicht so streng wie die deutsche. Im Relativsatz allerdings ist der Gebrauch des Kommas genau geregelt:

- Wenn der Relativsatz das Bezugswort genauer definiert, darf kein Komma am Anfang und Ende des Relativsatzes stehen:

  Les professeurs qui n'aiment pas les enfants devraient changer de métier!
  Lehrer, die Kinder nicht mögen, sollten den Beruf wechseln!

- Kommas werden nur gesetzt, wenn der Relativsatz eine Aussage enthält, die den Sinn des Hauptsatzes nicht verändert:

  Les professeurs, qui ont un métier difficile, ne sont pas toujours patients.
  Die Lehrer – die einen schwierigen Beruf haben – sind nicht immer geduldig.

12 Das Adjektiv

Im Französischen richtet sich das Adjektiv in Geschlecht und Zahl nach dem dazugehörigen Substantiv, auch im prädikativen Gebrauch, d. h. wenn das Adjektiv nach dem Verb *être* *(sein)*, *sembler* *(scheinen)* usw. steht:

Mon robot est intelligent.	*Mein Roboter ist intelligent.*
Ma fille est intelligent**e**.	*Meine Tochter ist intelligent.*
des dauphins savant**s**	*kluge Delphine*
des puces savant**es**	*kluge Flöhe*
Les jours m'ont semblés très court**s**.	*Die Tage schienen mir sehr kurz.*

12.1 Männliche und weibliche Form des Adjektivs

12.1.1 Allgemeines

Die allgemeine Kennzeichnung der weiblichen Form des Adjektivs ist, wie bei den Substantiven, die Lebewesen bezeichnen, das *-e*:

Femininum = Maskulinum + *e*

un chapeau élégant	*ein eleganter Hut*
une coiffure élégante	*eine elegante Frisur*

! Nur durch das Hinzufügen des *-e* wird der Endkonsonant hörbar.

12.1.2 Besonderheiten

Adjektive, die im Maskulinum bereits auf *-e* enden, bleiben im Femininum unverändert:

Jeune femme habile et énergique cherche homme simple, maniable et fidèle pour vie tranquille.	*Junge, geschickte und energische Frau sucht einfachen, fügsamen und treuen Mann für ruhiges Zusammenleben.*

Eine ganze Reihe von Adjektiven bildet das Femininum nach eigenen Regeln:

-er /	-ère	cher	chère	*teuer*
-s /	-sse	gros	grosse	*dick*
-el /	-elle	naturel	naturelle	*natürlich*
-il /	-ille	gentil	gentille	*nett*
-c /	-che	sec	sèche	*trocken*
-f /	-ve	neuf	neuve	*neu*
-n /	-nne	européen	européenne	*europäisch*
-ong /	-ongue	long	longue	*lang*
-x /-se		heureux	heureuse	*glücklich*

Aber: fraîs – fraîche *(frisch)*, doux – douce *(zart; weich; süß)*

Einige Adjektive sind unregelmäßig:

beau – belle	*schön*	vieux – vieille	*alt*
nouveau – nouvelle	*neu*	fou – folle	*verrückt*

La **nouvelle** exposition est très **belle**.	*Die neue Ausstellung ist sehr schön.*

! Diese Adjektive haben im Singular eine zusätzliche Form, wenn sie vor einem männlichen Substantiv stehen, das mit Vokal oder stummem *h* beginnt:

beau	→	bel	un bel homme	*ein schöner Mann*
nouveau	→	nouvel	un nouvel appartement	*eine neue Wohnung*
vieux	→	vieil	un vieil ami	*ein alter Freund*
fou	→	fol	un fol amour	*eine verrückte Liebe*

12.2 Die Pluralbildung des Adjektivs

12.2.1 Allgemeines

Wie die Substantive bilden die meisten Adjektive den Plural durch Anhängen eines *-s*:

Plural = Singular + *s*

un voyage fatigant	*eine anstrengende Reise*
des travaux fatigants	*anstrengende Arbeiten*
une peau douce	*eine zarte Haut*
des mains douces	*zarte Hände*

12.2.2 Besonderheiten

Adjektive, die bereits im Singular auf *-s* bzw. *-x* enden, bleiben im Maskulinum Plural unverändert:

Plural = Singular + *s*

un chat gris	*eine graue Katze*
La nuit tous les chats sont gris.	*Nachts sind alle Katzen grau.*
(Französisches Sprichwort)	

Adjektive, die im Maskulinum auf *-al* enden, bilden wie die Substantive auf *-al* den Plural Maskulinum auf *-aux*. Adjektive auf *-au* und *-eau* erhalten wie die entsprechenden Substantive ein *-x* (statt ein *-s*):

Mask. Singular	Mask. Plural
-al	-aux
-eau	-eaux

Cela m'est **égal**.	*Es ist mir egal.*
Tous les hommes sont **égaux**.	*Alle Menschen sind gleich.*
Quel **beau** mariage!	*Was für eine schöne Hochzeit!*
Tu as vu les **beaux** yeux de ma belle-mère?	*Hast du die schönen Augen meiner Schwiegermutter gesehen?*

Aber: Die Adjektive *final, banal, naval* und *fatal* werden regelmäßig gebildet: *finals, banals …*

12.3 Die Farbadjektive

Die meisten Farbadjektive befolgen die allgemeine Regel der Feminin- und Pluralbildung:

un mur blanc	*eine weiße Mauer*
la Maison Blanc**he**	*das Weiße Haus*
des yeux vert**s**	*grüne Augen*
des olives vert**es**	*grüne Oliven*

Farbtöne, die nach Pflanzen oder Früchten benannt sind, bleiben dagegen unverändert; dies gilt ebenso für zusammengesetzte Farbadjektive:

une cravate orange	*eine orangefarbene Krawatte*
des chaussettes orange	*orangefarbene Socken*
des chaussures marron	*braune Schuhe*
des collants bleu foncé	*dunkelblaue Strumpfhosen*

Aber: des joues roses *(rosa Backen)*

12.4 Die Stellung des Adjektivs

In der Regel stehen die Adjektive im Französischen anders als im Deutschen **nach** dem Substantiv:

des étudiants attentifs	*aufmerksame Studenten*
C'est une histoire incroyable.	*Es ist eine unglaubliche Geschichte.*

Die Zahladjektive und folgende Adjektive stehen dagegen **vor** dem Substantiv:

petit	*klein*	mauvais	*schlecht*	vieux	*alt*
grand	*groß*	joli	*hübsch*	jeune	*jung*
bon	*gut*	beau	*schön*	nouveau	*neu*

une jolie petite ville	*eine hübsche kleine Stadt*
mon premier grand amour	*meine erste große Liebe*

Einige Adjektive können **vor** und **nach** dem Substantiv stehen. Ihre Stellung führt zu einem Bedeutungsunterschied:

un **grand** homme	*ein großer (wichtiger) Mann*
un homme **grand**	*ein großer Mann (z. B. ein Mann von 2 m)*
Quel **sale** temps!	*Welch fürchterliches Wetter!*
„Les mains **sales**“	*„Die schmutzigen Hände“* (Buchtitel von J. P. Sartre)

12.5 Die Steigerung des Adjektivs

12.5.1 Allgemeine Formen

Positiv	jeune	*jung*
Komparativ:		
Überlegenheit	**plus** jeune (que)	*jünger (als)*
Unterlegenheit	**moins** jeune (que)	*weniger jung (als)*
Gleichheit	**aussi** jeune (que)	*genauso jung (wie)*
Superlativ:	**le plus** jeune (de tous)	*der Jüngste*
	le moins jeune (de tous)	*der am wenigsten junge*

Alle Adjektive können zum Positiven oder zum Negativen gesteigert werden und zwar mit Hilfe von *plus* und *moins*. Die Gleichheit wird mit *aussi* ausgedrückt:

Mon père est **plus** fort **que** le tien.	*Mein Vater ist stärker als deiner.*
En ville, la voiture est **moins** rapide **que** le métro.	*In der Stadt ist das Auto langsamer als die Metro.*
Notre projet est **aussi** bon.	*Unser Projekt ist genauso gut.*

! Beim Komparativ wird das deutsche *„als"* bzw. *„wie"* immer mit *que* übersetzt (nie mit *comme*).

Der Superlativ wird mit Hilfe von *le plus* bzw. *le moins* gebildet. Der bestimmte Artikel stimmt mit seinem Bezugswort überein:

Je t'ai donné **les plus belles** années de ma vie.	*Ich habe dir die schönsten Jahre meines Lebens geschenkt.*
C'est **le moins cher**.	*Es ist das Billigste.*

Nachgestellte Adjektive stehen auch im Komparativ nach dem Substantiv, zu dem sie gehören:

C'est notre lit **le plus confortable**!	*Das ist unser bequemstes Bett!*

12.5.2 Besondere Formen

Einige Adjektive haben eine ganz eigene Komparativform. Die wichtigsten sind:

Positiv	bon *gut*	mauvais *schlimm*	petit *gering*
Komparativ: Überlegenheit	meilleur *besser*	pire *schlimmer*	moindre *geringer*
Superlativ:	le meilleur *der Beste*	le pire *der Schlimmste*	le moindre *der Geringste*

Un mauvais dentiste, c'est **la pire** des choses.	*Ein schlechter Zahnarzt ist das Schlimmste, was es gibt.*
Les meilleures joueuses s'affrontent en finale.	*Die besten Spielerinnen stehen sich im Finale gegenüber.*

! Bedeutet *mauvais „schlecht"* und *petit „klein"*, dann haben sie regelmäßige Steigerungsformen:

Ma fille est **la plus petite** de la classe.	*Meine Tochter ist die Kleinste in der Klasse.*

13 Die Zahlen

13.1 Die Grundzahlen

0 zéro	10 dix	20 vingt
1 un	11 onze	21 vingt et un
2 deux	12 douze	22 vingt-deux
3 trois	13 treize	23 vingt-trois
4 quatre	14 quatorze	24 vingt-quatre
5 cinq	15 quinze	25 vingt-cinq
6 six	16 seize	26 vingt-six
7 sept	17 dix-sept	27 vingt-sept
8 huit	18 dix-huit	28 vingt-huit
9 neuf	19 dix-neuf	29 vingt-neuf
30 trente	40 quarante	50 cinquante
31 trente et un	41 quarante et un	51 cinquante et un
32 trente-deux	42 quarante-deux	52 cinquante-deux
usw.	usw.	usw.
60 soixante	70 soixante-dix	80 quatre-vingts
61 soixante et un	71 soixante et onze	81 quatre-vingt-un
62 soixante-deux	72 soixante-douze	82 quatre-vingt-deux
usw.	usw.	usw.
90 quatre-vingt-dix	100 cent	200 deux cents
91 quatre-vingt-onze	101 cent un	201 deux cent un
92 quatre-vingt-douze	102 cent deux	202 deux cent deux
usw.	usw.	usw.
1 000 mille	2 000 deux mille	
1 001 mille un	2 100 deux mille cent	

1900 mille neuf cents oder dix-neuf cents
1920 mille neuf cent vingt oder dix-neuf cent vingt
1999 mille neuf cent quatre-vingt-dix-neuf
oder dix-neuf cent quatre-vingt-dix-neuf

cent mille francs	100 000 Francs
un million de francs	1 000 000 Francs
un milliard d'hommes	1 000 000 000 Menschen

! Bei Zahlen ab eine Million (*million, milliard, billion* usw.) steht die Präposition *de*.

- Nummern und Jahreszahlen werden zusammengeschrieben. Zahlen als Mengenangaben schreibt man dagegen in Dreiergruppen mit Zwischenräumen:

Le numéro 20125 a gagné.	*Der Teilnehmer mit der Zahl 20125 hat gewonnen.*
Il a gagné 20 125 francs.	*Er hat 20125 Francs gewonnen / verdient.*

- Die zusammengesetzten Zahlen bis 99 erhalten einen Bindestrich: *quatre-vingt-dix-neuf.*
- Ab 21 bis 71 wird die „eins" immer mit *et* angeschlossen: *vingt et un*, *soixante et onze* (ohne Bindestrich) **aber** *quatre-vingt-un* (81), *quatre-vingt-onze* (91) usw.
- *vingt* und *cent* erhalten ein *-s*, wenn sie multipliziert werden, ihnen darf aber keine weitere Zahl folgen: *quatre-vingt**s** livres* (80), *trois cent**s** francs* (300) usw. **Aber:** *cent vingt mille personnes* (120 000)
- *mille* darf nie ein *-s* bekommen.
- Vor einem weiblichen Substantiv wird *un* zu *une*: *trente et une femmes.*
- Bei 100 und 1 000 heißt es nur *cent (einhundert)* und *mille (eintausend).*

13.2 Die Ordnungszahlen

1er	premier	6e	sixième	13e	treizième
1ère	première	7e	septième	14e	quatorzième
2e	deuxième	8e	huitième	15e	quinzième
2nd(e)	second(e)	9e	neuvième	16e	seizième
3e	troisième	10e	dixième	17e	dix-septième
4e	quatrième	11e	onzième	18e	dix-huitième
5e	cinquième	12e	douzième	19e	dix-neuvième
20e	vingtième	70e	soixante-dixième		
21e	vingt et unième	80e	quatre-vingtième		
22e	vingt-deuxième	90e	quatre-vingt-dixième		
usw.					
100e	centième	200e	deux centième	1 000e	millième
101e	cent unième	201e	deux cent unième	1 001e	mille unième

– *premier* und *second* haben jeweils eine weibliche Form *première, seconde*:

le premier baiser	*der erste Kuss*
la première femme dans l'espace	*die erste Frau im All*
Un aller-retour Paris-Nice, s'il vous plaît.	*Eine Rückfahrkarte Paris–Nizza bitte.*
– En première ou en seconde?	*– Erste oder zweite Klasse?*
– En deuxième classe.	*– Zweite Klasse.*

! *second* wird nur mit der Bedeutung *„des zweiten Ranges"* benutzt. Sonst verwendet man *deuxième* (für 22., 32. usw. wird nur *-deuxième* benutzt):

Ma fille est **seconde** de sa classe, mon fils n'est que **vingt-deuxième**.	*Meine Tochter ist zweite ihrer Klasse, mein Sohn nur zweiundzwanzigster.*

– Ab der Zahl *deux* wird die Endsilbe *-ième* an die Grundzahl angehängt.
– Alle Grundzahlen, die mit einem *-e* enden, verlieren dann dieses *-e*: *quatre* → *quatrième*.
– Die Zahl *cinq* erhält zusätzlich ein *u*: *cinquième*.
– Das *f* von *neuf* wird zu *v*: *neuvième*.
– Die Ordnungszahlen auf *-ième* sind im Singular unveränderlich. Im Plural erhalten sie ein *s*.

13.3 Der Gebrauch der Grund- und Ordnungszahlen

Jahrzehnte

Anders als im Deutschen bleibt die Zahl des Jahrzehntes unverändert:

Jede Epoche hat ihre Kennzeichen:

Les années 20 *(vingt)*, c'étaient les „années folles".	*Die zwanziger Jahre waren die „wilden Jahren".*
Les Beatles, idoles des années 60 *(soixante)*.	*Die Beatles, Idole der sechziger Jahre.*
Les années 80 *(quatre-vingts)* étaient celles du caviar et du champagne!	*Die achtziger Jahre waren die des Kaviars und des Champagners!*

Herrschernamen

Sie stehen mit einer römischen Zahl ohne Artikel. Für den *„Ersten"* steht im Französischen wie im Deutschen die Ordnungszahl. Ab dem *„Zweiten"* jedoch steht im Französischen die Grundzahl:

François Ier *(premier)*, roi de France	*Franz der Erste, König von Frankreich*
Elisabeth Ière *(première)*, reine d'Angleterre	*Elisabeth die Erste, Königin von England*
Louis II *(deux)* de Bavière	*Ludwig der Zweite von Bayern*
Napoléon III *(trois)*	*Napoleon der Dritte*

Datum

Auch beim Datum wird die Ordnungszahl nur für den ersten Tag des Monats gebraucht. Die weiteren Tagen werden mit der Grundzahl angegeben:

Le 1er *(premier)* mai est un jour férié.	*Der 1. Mai ist ein Feiertag.*
Dimanche 2 *(deux)* juin	*Sonntag, den 2. Juni*

! Beachten Sie, dass bei Datumsangaben in Briefen u. a. vor dem Datum, nicht aber vor dem Wochentag, *le* stehen kann:

Mayence, lundi 2 *(deux)* octobre	*Mainz, Montag den 2. Oktober*
Mayence, le 2 octobre	*Mainz, den 2. Oktober*

13.4 Die Sammelzahlen

Sammelzahlen sind Substantive, die Menge, Zahl oder Alter ausdrücken. Sie werden gebildet, indem man die Nachsilbe *-aine* an die Zahl anhängt. Die gezählten Gegenstände werden mit *de* angeschlossen:

Nous resterons une huitaine de jours.	*Wir werden ungefähr acht Tage bleiben.*
Donnez-moi deux douzaines d'œufs.	*Geben Sie mir zwei Dutzend Eier.*
J'en prends une vingtaine.	*Ich nehme (ungefähr) zwanzig.*

Diese Nachsilbe kann aber nicht an jede Zahl angehängt werden. Die Zahlen, mit denen dies möglich ist, sind:

huit	→	huitaine	quinze	→	quinzaine
dix	→	dizaine	vingt	→	vingtaine
douze	→	douzaine			

und alle weiteren vollen Zehner bis hundert (trois centaines).

Für Alters- und Jubiläumsangaben kann man auch Formen wie *un(e) octogénaire (ein/-e Achtzigjährige/-r)*, *un(e) centenaire (ein/-e Hundertjährige/-r)* benutzen:

En 1989, on a fêté le bicentenaire de la Révolution française. — *1989 ist das zweihundertjährige Jubiläum der Französischen Revolution gefeiert worden.*

13.5 Die Bruch- und Dezimalzahlen

$^1/_2$	un(e) demi(e)	0,1	zéro virgule un
$^1/_3$	un tiers (de)	15,85	quinze virgule quatre-vingt-cinq
$^1/_4$	un quart (de)	usw.	
$^3/_4$	trois quarts (de)		
$^4/_5$	quatre cinquièmes (de)	5 %	cinq pour cent (de)
$^5/_6$	cinq sixièmes (de)	50 %	cinquante pour cent (de)
usw.			

Vous mélangez $^1/_2$ *(une demi-livre)* de beurre, 250 grammes de farine, $^1/_4$ *(un quart de litre)* de lait et $^1/_8$ *(un huitième de litre)* de crème fraîche. Bon appétit!

Sie verrühren $^1/_2$ Pfund Butter, 250 g Mehl, $^1/_4$ Liter Milch und $^1/_8$ Liter Sahne. Guten Appetit!

! *demi* kann als einzige Bruchzahl unmittelbar vor einem Substantiv stehen z. B.: *un demi-verre (ein halbes Glas)*; es ist dann unveränderlich: *une demi-heure (eine halbe Stunde).*

→ 13.7

13.6 Die Vervielfältigungszahlen

Die wichtigsten Vervielfältigungszahlen sind:

(le) simple	*einfach*	(le) quadruple	*vierfach*
(le) double	*doppelt*	(le) quintuple	*fünffach*
(le) triple	*dreifach*	(le) centuple	*hundertfach*

Diese Zahlen werden als Adjektiv oder als Substantiv gebraucht:

J'ai pris **la triple** dose.	*Ich habe die dreifache Dosis genommen.*
J'ai pris **le triple de** la dose.	*Ich habe das Dreifache der Dosis genommen.*

! Es heißt: donner / rendre quelque chose **en** double, **en** triple.
Aber: au quadruple, **au** quintuple, **au** centuple.

13.7 Die Uhrzeit

Quelle heure est-il? — *Wie spät ist es?*
Il est… — *Es ist…*

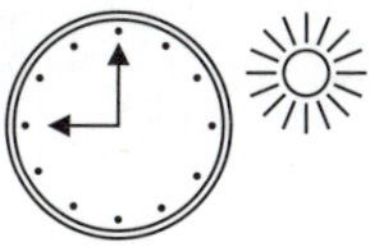

9 h
neuf heures (du matin)
neun Uhr morgens

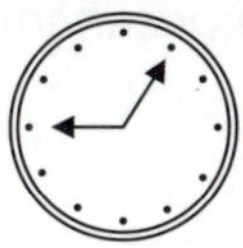

9 h 05
neuf heures cinq
fünf nach neun

8 h 55
neuf heures moins cinq
fünf vor neun

13 h
une heure
(de l'après-midi)
ein Uhr nachmittags

1 h 20
une heure vingt
zwanzig nach eins

12 h 40
une heure moins vingt
zwanzig vor eins

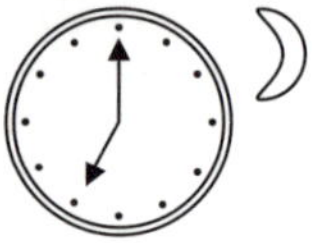

7 h
sept heures (du soir)
sieben Uhr abends

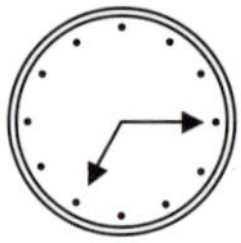

7 h 15
sept heures et quart
Viertel nach sieben

6 h 45
sept heures moins le quart
Viertel vor sieben

12 h
midi
zwölf Uhr, Mittag

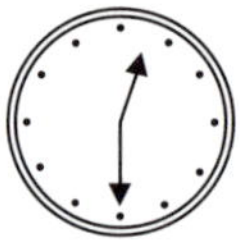

12 h 30
midi et demie
halb eins

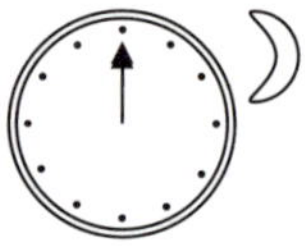

0 h
minuit
Mitternacht

Anders als im Deutschen wird im Französischen die halbe Stunde zu der vollen Stunde hinzugerechnet:

neuf heures et demie	*halb zehn*

Amtliche Zeitangaben werden wie im Deutschen verwendet:

Le départ est prévu pour vingt et une heures trente.	*Die Abfahrt ist für 20 Uhr 30 vorgesehen.*

Die Zeiteinheiten:

$^{1}/_{4}$ h	un quart d'heure	$^{3}/_{4}$ h	trois quarts d'heure
$^{1}/_{2}$ h	une demi-heure		

Aber:	1h$^{1}/_{4}$	une heure et quart/une heure **un** quart
	1h$^{1}/_{2}$	une heure et demi**e**
	1h$^{3}/_{4}$	une heure trois quarts

! Das Adjektiv *demi* bleibt unverändert, wenn es vor dem Substantiv steht. Der Bindestrich darf aber nicht fehlen.

14 Das Verb, die Zeiten und die Modi

14.1 Das Verb

Das Verb besteht aus einem Stamm und einer Endung. Die Endung des Verbs gibt Auskunft über die Gruppe, der es angehört. Die Verben der ersten Gruppe auf *-er* (z. B. *parl**er***) und die der zweiten Gruppe auf *-ir* (Verben mit Stammerweiterung auf *-iss-*, z. B. *chois**ir***) sind bis auf wenige Ausnahmen regelmäßig. Alle übrigen Verben auf *-ir* (z. B. *venir*), *-re (prendre), -oir (voir)* gehören der dritten Gruppe an. Sie sind unregelmäßig: Der Stamm verändert sich oft innerhalb der Konjugation (Beugung), die Endungen je nach Person und Zeit.

Die Formen, die nicht nach Person, Zeit und Modus konjugiert werden können, nennt man „infinite" Verbformen: Infinitiv, Partizip und *gérondif*.

14.2 Die Zeiten

Die französische Sprache kennt drei Zeitabschnitte: die Gegenwart *(présent)*, die Vergangenheit *(passé)* und die Zukunft *(futur)*.

Für die Gegenwart gibt es nur eine Form (Präsens), für die Zukunft zwei. Die Vergangenheit verfügt im Französischen über fünf verschiedene Zeiten: *imparfait* (Imperfekt), *passé composé* (Perfekt), *passé simple, plus-que-parfait* (Plusquamperfekt) und *passé antérieur*. Der Gebrauch dieser Zeiten ist genau festgelegt. Sie geben Auskunft:

- über das Zeitgeschehen einer Handlung bzw. einer Situation.
- über den Verlauf bzw. die Dauer einer Handlung in Bezug zu anderen vergangenen Handlungen.
- über ihren Bezug zur Gegenwart.

Einfache und zusammengesetzte Zeiten

Die einfachen Zeiten werden aus dem Verbstamm und einer entsprechenden Endung gebildet, z. B. *nous dansons (wir tanzen)*, *nous irons (wir werden gehen)*. Die zusammengesetzten Zeiten werden mit einem Hilfsverb (*être* oder *avoir*) und einem Partizip Perfekt gebildet, z. B. *nous avons chanté (wir haben gesungen), nous étions allés (wir waren gegangen).*

14.3 Die Modi

Das Französische verfügt über vier Modi:

Der **Indikativ** stellt tatsächliche Handlungen oder Situationen in der Gegenwart, Vergangenheit oder im Futur dar: *elle vient, elle venait, elle viendra.*

Der ***conditionnel*** drückt die Möglichkeit einer Handlung aus. Diese kann von Bedingungen abhängen: *Elle viendrait, si …*

Der ***subjonctif*** drückt aus, dass eine Handlung geprägt von einer subjektiven Auffassung ist: *J'aimerais qu'elle vienne.*

Der **Imperativ** dient zum Ausdruck eines Befehls oder Ratschlages: *Venez!*

Conditionnel, subjonctif und Imperativ haben keine Zukunftsform.

15 Das Präsens

15.1 Die regelmäßigen Verben

Die regelmäßigen Verben werden im Französischen in zwei Gruppen eingeteilt. Sie richten sich nach den Endungen im Infinitiv und Präsens.

15.1.1 Die erste Gruppe: die Verben auf *-er* (außer *aller*)

Alle Verben, die dieser Gruppe angehören, haben die gleichen Endungen. Der Verbstamm des Infinitivs verändert sich nicht:

parler *sprechen*	
je parl**e** tu parl**es** il, elle parl**e**	nous parl**ons** vous parl**ez** ils, elle parl**ent**

! Die 1., 2., 3. Person Singular sowie die 3. Person Plural werden immer gleich ausgesprochen.

Besonderheiten:

Die Verben, die im Infinitiv ein stummes *e* oder ein *é* in der vorletzten Silbe haben, verändern ihre Schreibweise in der 1., 2., 3. Person Singular und in der 3. Person Plural:

l → ll appeler *rufen*	**e → è** acheter *kaufen*	**é → è** espérer *hoffen*
j'appe**ll**e tu appe**ll**es il, elle appe**ll**e nous appelons vous appelez ils, elles appe**ll**ent	j'ach**è**te tu ach**è**tes il, elle ach**è**te nous achetons vous achetez ils, elles ach**è**tent	j'esp**è**re tu esp**è**res il, elle esp**è**re nous espérons vous espérez ils, elles esp**è**rent
Ebenso: l → ll jeter *werfen* u. a.	Ebenso: e → è lever *heben* se lever *aufstehen* emmener *mitnehmen* se promener *spazieren gehen* peser *wiegen* u. a.	Ebenso: é → è répéter *wiederholen* préférer *vorziehen* u. a.

Bei Verben auf *-uyer* und *-oyer* wird das *-y-* zu *-i-*. Bei Verben auf *-ayer* sind zwei Schreibweisen möglich:

y → i essuyer *abwischen*		**y** oder **i** payer *bezahlen*	
j'essu**i**e tu essu**i**es il essu**i**e	nous essuyons vous essuyez ils essu**i**ent	je pa**i**e / paye tu pa**i**es / payes il pa**i**e / paye	nous payons vous payez ils pa**i**ent / payent
Ebenso: nettoyer *reinigen* envoyer *schicken* u. a.		Ebenso: essayer *versuchen, ausprobieren* u. a.	

Der Aussprache wegen verändert sich die 1. Person Plural *(nous)* der Verben auf *-cer* und *-ger*:

→ 1.4.3

c → ç commencer *anfangen*		**g → ge** manger *essen*	
je commence tu commences il commence	nous commen**ç**ons vous commencez ils commencent	je mange tu manges il mange	nous man**ge**ons vous mangez ils mangent

Ebenso:
avancer *vorgehen*
lancer *werfen*
placer *stellen*
u. a.

Ebenso:
juger *urteilen*
nager *schwimmen*
voyager *reisen*
u. a.

15.1.2 Die zweite Gruppe: die Verben auf *-ir* mit Stammerweiterung auf *-iss-*

„Stammerweiterung" bedeutet, dass im Plural ein *-ss-* vor die Endung gesetzt wird:

finir *enden*	
je finis tu finis il, elle finit	nous fini**ss**ons vous fini**ss**ez ils, elles fini**ss**ent

Ebenso:
agir *handeln*
choisir *wählen*
remplir *füllen*
réfléchir *überlegen*
réussir *schaffen, gelingen* u. a.

Das gilt auch für alle Verben, die eine Form- oder Farbveränderung ausdrücken:

grandir *groß werden*
grossir *dick werden*
maigrir *abnehmen*
vieillir *alt werden*
rajeunir *jung werden*

rougir *rot werden*
blanchir *bleichen, weiß werden*
noicir *schwarz werden*
verdir *grün färben, grün werden*
pâlir *erblassen, bleich werden*

Les députés pâlissent à l'annonce des résultats du scrutin.

Die Abgeordneten erblassen bei der Verkündigung der Wahlergebnisse.

15.2 Die unregelmäßigen Verben: die dritte Gruppe

15.2.1 Die Verben *être* und *avoir* (*sein* und *haben*)

être *sein*		avoir *haben*	
je suis	nous sommes	j'ai	nous avons
tu es	vous êtes	tu as	vous avez
il, elle est	ils, elles sont	il, elle a	ils, elles ont

15.2.2 Das Verb *aller*

aller *gehen, fahren*	
je vais	nous allons
tu vas	vous allez
il, elle va	ils, elles vont

15.2.3 Die Verben auf *-ir* ohne Stammerweiterung

Diese Verben bilden keine einheitliche Gruppe. Die wichtigsten Konjugationsmuster sind:

- Verben, die die Endungen der 1. Gruppe (auf *-er*) haben:

ouvrir *öffnen*	
j'ouvr**e**	nous ouvr**ons**
tu ouvr**es**	vous ouvr**ez**
il, elle ouvr**e**	ils, elles ouvr**ent**

Ebenso:
cueillir *pflücken*
souffrir *leiden*
offrir *schenken*
découvrir *entdecken* u. a.

- Verben, die in der 1. und 2. Person Singular einen verkürzten Stamm haben, im Plural jedoch wie Verben der 1. Gruppe gebildet werden:

sortir *ausgehen*	
je sors	nous sortons
tu sors	vous sortez
il, elle sort	ils, elles sortent

Ebenso:
dormir *schlafen*
mentir *lügen*
sentir *fühlen*
partir *weggehen*
servir *bedienen* u. a.

- Verben auf *-ir*, die völlig unregelmäßig sind:

venir *kommen*	tenir *halten*	mourir *sterben*
je viens tu viens il, elle vient nous venons vous venez ils, elles viennent	je tiens tu tiens il, elle tient nous tenons vous tenez ils, elles tiennent	je meurs tu meurs il, elle meurt nous mourons vous mourez ils, elles meurent

15.2.4 Die Verben auf *-re*

Die Verben, die auf *-andre, -endre, -erdre, -ondre* und *-ordre* enden, bilden eine eigene Gruppe:

vendre *verkaufen*	perdre *verlieren*	répondre *antworten*	mordre *beißen*
je vends tu vends il, elle vend nous vendons vous vendez ils, elles vendent	je perds tu perds il, elle perd nous perdons vous perdez ils, elles perdent	je réponds tu réponds il, elle répond nous répondons vous répondez ils, elles répondent	je mords tu mords il, elle mord nous mordons vous mordez ils, elles mordent

Aber: Das Verb *prendre (nehmen)* und seine Ableitungen z. B. *apprendre (lernen), comprendre (verstehen), surprendre (überraschen)* usw. haben im Plural eine andere Form: *je prends, tu prends, il prend, nous prenons, vous prenez, ils prennent.*

Andere Verben auf *-re* enden in der 3. Person Singular auf *-t*. Ihre Schreibweise verändert sich auf sehr unterschiedliche Art, so dass eine einfache Klassifizierung hier leider nicht möglich ist; zur Illustration nur einige Beispiele:

boire *trinken*	connaitre *kennen*	lire *lesen*
je bois	je connais	je lis
tu bois	tu connais	tu lis
il, elle boit	il, elle connaît	il, elle lit
nous buvons	nous connaissons	nous lisons
vous buvez	vous connaissez	vous lisez
ils, elles boivent	ils, elles connaissent	ils, elles lisent

faire *machen*		peindre *malen*	
je fais	nous faisons	je peins	nous peignons
tu fais	vous faîtes	tu peins	vous peignez
il, elle fait	ils, elles font	il, elle peint	ils, elles peignent

15.2.5 Die Verben auf *-oir*

Diese Verben verändern den Stamm in den Singular-Formen und in einigen Fällen auch in der 3. Person Plural. Zu dieser Gruppe gehören u. a. die wichtigsten Modalverben:

devoir *müssen*	pouvoir *können*	vouloir *wollen*
je dois	je peux	je veux
tu dois	tu peux	tu veux
il, elle doit	il, elle peut	il, elle veut
nous devons	nous pouvons	nous voulons
vous devez	vous pouvez	vous voulez
ils, elles doivent	ils, elles peuvent	ils, elles veulent

savoir *wissen*		voir *sehen*	
je sais	nous savons	je vois	nous voyons
tu sais	vous savez	tu vois	vous voyez
il, elle sait	ils, elles savent	il, elle voit	ils, elles voient

! *pouvoir* und *vouloir* enden in der 1. und 2. Person Singular auf *-x* (statt *-s*)!

Für das Verb *s'asseoir (sich setzen)* gibt es zwei mögliche Konjugationen:

s'asseoir *sich setzen*	
je m'assois tu t'assois il, elle s'assoit nous nous assoyons vous vous assoyez ils, elles s'assoient	je m'assieds tu t'assieds il, elle s'assied nous nous asseyons vous vous asseyez ils, elles s'asseyent

Die Verben *falloir (müssen)* und *pleuvoir (regnen)* kommen nur in der dritten Person Singular vor: *il faut (man muss)*, *il pleut (es regnet).*

15.3 Der Gebrauch des Präsens

Das Präsens wird wie im Deutschen gebraucht. Es ist Ausdruck

- einer gegenwärtigen Situation:

Je travaille dans une entreprise d'import-export.	*Ich arbeite bei einer Import-Export-Firma.*
Vous partez déjà? Dommage!	*Gehen Sie schon? Wie schade!*

- einer allgemeinen Wahrheit, Regel, Bestimmung oder Erfahrung:

Le mandat du Président de la République expire au bout de sept ans.	*Die Amtszeit des Präsidenten der Republik endet nach sieben Jahren.*
Elle ne sort jamais sans sa carte de crédit.	*Sie geht nie ohne ihre Kreditkarte aus.*

- einer höflichen Aufforderung (statt Imperativ):

Vous me montrez vos papiers, s'il vous plaît?	*Zeigen Sie mir bitte Ihre Papiere?*
Vous réfléchissez bien avant de signer.	*Sie sollen gut überlegen, bevor Sie unterschreiben.*

- einer nahen Zukunft:

Je pars en vacances dans deux jours!	*Ich fahre in zwei Tagen in Urlaub!*

15.4 Die Verlaufsform des Präsens

Das Französische hat die Möglichkeit, den Verlauf einer Handlung sprachlich besonders hervorzuheben. Dafür verwendet man *être en train de* + Infinitiv:

Chéri, tu peux m'aider, s'il te plaît? – Je regrette, je **suis en train de** travailler.	*Liebling, kannst du mir bitte helfen? – Es tut mir Leid, ich arbeite gerade.*

Diese Form findet in der Umgangssprache eine breite Verwendung. Sie kann für die Vergangenheit oder die Zukunft gebraucht werden:

Tu étais en train de...	*Du warst gerade dabei...*
Nous serons en train de...	*Wir werden dabei sein...*

16 Das *passé récent*

Für ein Ereignis oder eine Handlung, die gerade erst abgeschlossen wurde, benutzt man im Französischen die Umschreibung *venir de* + Infinitiv:

passé récent = venir de + Infinitiv

Tu arrives trop tard, il **vient de partir.**	*Du kommst zu spät, er ist gerade gegangen.*
Un attentat contre l'Ambassade de Turquie **vient de se produire.**	*Ein Attentat gegen die türkische Botschaft ist soeben verübt worden.*

Das *passé récent* kann auch in die Vergangenheit oder in die Zukunft übertragen werden:

Elle **venait de partir** quand il est arrivé.	*Sie war gerade gegangen, als er kam.*

Die Verneinung erfolgt folgendermaßen:

Dementi: un attentat **ne** vient **pas** de se produire; le pneu d'une voiture a éclaté.	*Richtigstellung: Es ist kein Attentat verübt worden; der Reifen eines Autos ist geplatzt.*

Die Pronomen stehen unmittelbar vor dem Infinitiv:

Ils viennent de **se** sourire.	*Sie haben sich eben angelächelt.*
Elle vient de **lui** parler.	*Sie hat gerade mit ihm/ihr gesprochen.*

17 Das Imperfekt

17.1 Die Bildung des Imperfekts

Für die Bildung des Imperfekts können wir auf eine für alle Verben geltende feste Regel zurückgreifen: An den Stamm der Verbformen der ersten Person Plural des Indikativ Präsens werden die Endungen des Imperfekts angehängt:

	dormir *schlafen*	
Indikativ Präsens nous **dorm**ons	je dorm**ais** tu dorm**ais** il, elle dorm**ait**	nous dorm**ions** vous dorm**iez** ils, elles dorm**aient**

! Die einzige Ausnahme ist *être*. Es hat aber die gleichen Imperfektendungen: *j'étais, tu étais, il était, nous étions, vous étiez, ils étaient.*

17.2 Der Gebrauch des Imperfekts

Das Imperfekt wird im Französischen verwendet,

- um Situationen (Handlungen oder Zustände) der Vergangenheit zu beschreiben. Man spricht hier deshalb vom *„imparfait narratif"* (Imperfekt der Beschreibung):

Autrefois, il y avait moins de voitures, l'air était plus pur.	*Früher gab es weniger Autos, die Luft war reiner.*
Il y a très, très longtemps Astérix et Obélix jouaient à cache-cache avec les Romains.	*Vor langer, langer Zeit spielten Astérix und Obelix mit den Römern Verstecken.*
Il était une fois un roi qui avait deux filles...	*Es war einmal ein König, der zwei Töchter hatte...*

! Maßgebend für den Gebrauch des Imperfekts ist der Wunsch des Erzählers, einen Zustand oder den unbegrenzten Ablauf einer Handlung in der Vergangenheit zu beschreiben.

- um Gewohnheiten oder sich regelmäßig wiederholte Handlungen oder Vorgänge der Vergangenheit zu erzählen:

Le matin, à six heures, (...) je me levais en grelottant...	*Morgens um sechs Uhr stand ich zitternd auf...*
(M. Pagnol: Le château de ma mère)	
En vacances, ma femme faisait la grasse matinée.	*In den Ferien hat meine Frau morgens immer lange geschlafen.*
Avant d'entrer, le facteur frappait toujours trois fois.	*Der Briefträger klopfte immer dreimal, bevor er eintrat.*

- um auszudrücken, dass zwei oder mehrere Handlungen gleichzeitig ablaufen. Anfang und Ende der Handlungen sind unbedeutend:

Sous la douche, il chantait à tue-tête, pendant que la radio diffusait de mauvaises nouvelles.	*Unter der Dusche sang er aus Leibeskräften, während das Radio schlechte Nachrichten sendete.*

- um den höflichen Ton einer Bitte oder Frage auszudrücken. Der Gebrauch des Präsens käme einer ausdrücklichen Forderung gleich:

Je venais voir si vous pouviez me consacrer quelques minutes.	*Ich wollte fragen, ob Sie ein paar Minuten für mich hätten.*
Je voulais vous demander de m'épouser.	*Ich möchte Sie bitten, meine Frau zu werden.*

! Das Imperfekt der Verben *devoir*, *falloir* und *pouvoir* drückt aus, dass ein Vorgang nicht stattgefunden hat:

Le train **devait** partir à 12h12. Mais il avait du retard.	*Der Zug sollte um 12.12 Uhr fahren. Er hatte aber Verspätung.*
Le distributeur ne vous a pas rendu la monnaie? Eh bien, il **fallait** appuyer sur le bouton bleu.	*Der Automat hat Ihnen kein Wechselgeld herausgegeben? Nun, Sie hätten auf den blauen Knopf drücken müssen.*

18 Perfekt und Partizip Perfekt

18.1 Die Bildung des Perfekts

Wie im Deutschen bildet man das Perfekt mit den Hilfsverben *être (sein)* oder *avoir (haben)* sowie dem Partizip Perfekt des Verbs:

J'ai mangé quatre croissants au petit déjeuner.	*Ich habe vier Croissants zum Frühstück gegessen.*

Dabei ist zweierlei zu beachten: Wann man *être (sein)* und wann *avoir (haben)* benutzt und wie das Partizip gebildet wird.

18.1.1 Verben, die mit *avoir* konjugiert werden

– die Verben *être* und *avoir*:

J'ai eu un accident de voiture.	*Ich habe einen Autounfall gehabt.*
Il a été son assistant pendant des années.	*Er ist jahrelang sein Assistent gewesen.*

– alle Verben, die ein direktes Objekt (*qui?* „wen?" oder *quoi?* „was?") nach sich haben, mit Ausnahme der reflexiven Verben:

Mon Dieu! Tu as mangé des cuisses de grenouille!	*Mein Gott! Du hast Froschschenkel gegessen!*
Nous avons pris le train de midi.	*Wir haben den Mittagszug genommen.*

– die meisten Verben, die weder ein direktes Objekt noch ein indirektes Objekt (*à qui?* „wem?") bei sich haben. In Vergleich zu 18.1.2 drücken diese Verben, die mit *avoir* gebildet werden, keine Bewegungsrichtung, sondern eine Bewegungsart aus:

J'ai couru pour ne pas rater le train.	*Ich bin gelaufen, um den Zug nicht zu verpassen.*

– alle unpersönlichen Ausdrücke:

Hier, il a plu des cordes.	*Es hat gestern in Strömen geregnet.*
Il a neigé en montagne.	*Es hat in den Bergen geschneit.*

18.1.2 Verben, die mit *être* konjugiert werden

– die reflexiven bzw. reziproken Verben:

Exceptionnellement, il s'est levé à cinq heures.	*Ausnahmsweise ist er um fünf Uhr aufgestanden.*
Elle s'est assise juste en face de lui.	*Sie hat sich genau ihm gegenüber hingesetzt.*

– eine bestimmte Anzahl von Verben, die weder ein direktes noch ein indirektes Objekt haben. Sie drücken meistens eine Bewegungsrichtung oder eine Veränderung aus:
→ 18.1.1

Elle est arrivée à l'heure à son rendez-vous.	*Sie ist pünktlich zu ihrem Termin gekommen.*
Il est parti sans dire merci!	*Er ist gegangen, ohne danke zu sagen!*

Ebenso:

aller	*gehen*	entrer	*zurückkehren*
arriver	*ankommen*	rester	*bleiben*
devenir	*werden*	retomber	*zurückfallen*
entrer	*hineingehen*	revenir	*zurückkehren*
mourir	*sterben*	sortir	*hinausgehen*
naître	*auf die Welt kommen*	tomber	*fallen*
		venir	*kommen*
partir	*weggehen*		

18.2 Die Bildung des Partizip Perfekt

Die Klassifizierung der Partizipien entspricht den Bezeichnungen für die einzelnen Verbgruppen, die im Präsens eingeführt wurden.

→ 15.1, 15.2

18.2.1 Die regelmäßigen Verben

Die erste Gruppe: die Verben auf *-er*

Alle Verben, die im Infinitiv auf *-er* enden, bilden das Partizip auf *-é*, d. h. anstelle der Endung *-er* wird ein *-é* an den Stamm angehängt:

Infinitiv: -er	→	**Partizip:** -é	
parler	*sprechen*	parlé	*gesprochen*
aimer	*lieben*	aimé	*geliebt*
trouver	*finden*	trouvé	*gefunden*

On a parlé toute la nuit! — *Wir haben die ganze Nacht durch geredet!*

On s'est aimé tout l'été. — *Wir haben uns den ganzen Sommer geliebt.*

Eureka, j'ai trouvé! — *Heureka, ich habe es gefunden!*

Die zweite Gruppe: die Verben auf *-ir* mit Stammerweiterung auf *-iss-*

Alle Verben der zweiten Gruppe bilden das Partizip Perfekt auf *-i*:

Infinitiv: -ir	→	**Partizip:** -i	
finir	*enden*	fini	*geendet*
choisir	*wählen*	choisi	*gewählt*
remplir	*(aus)füllen*	rempli	*(aus)gefüllt*

Avez-vous fini? — *Sind Sie fertig?*

Vous avez rempli votre fiche d'inscription? — *Haben Sie Ihr Anmeldeformular ausgefüllt?*

Au restaurant: „Vous avez choisi?“, demande le garçon. — *Im Restaurant: „Haben Sie gewählt?“ fragt der Kellner.*

18.2.2 Die unregelmäßigen Verben: die dritte Gruppe

Die Verben *être* und *avoir* (*haben* und *sein*):

Infinitiv	→	Partizip	
être	*sein*	été	*gewesen*
avoir	*haben*	eu	*gehabt*

Elle a été très malade. — *Sie ist sehr krank gewesen.*
J'ai eu une mauvaise note en maths. — *Ich habe eine schlechte Note in Mathe gehabt.*

Das Verb *aller* (*gehen*)

Infinitiv	→	Partizip	
aller	*gehen*	allé	*gegangen*

Hier soir, nous sommes allés au restaurant. — *Gestern Abend sind wir ins Restaurant gegangen.*

Die Verben auf *-ir* ohne Stammerweiterung

Alle Verben, die auf *-ir* enden und die Endungen der regelmäßigen Verben (1. Gruppe) haben, bilden das Partizip Perfekt auf *-ert*:

Infinitiv: -ir	→	Partizip: -ert	
couvrir	*decken*	couvert	*gedeckt*
découvrir	*entdecken*	decouvert	*entdeckt*
ouvrir	*öffnen*	ouvert	*geöffnet*
offrir	*schenken*	offert	*geschenkt*
souffrir	*leiden*	souffert	*gelitten*

J'ai sonné, mais personne n'a ouvert. — *Ich habe geklingelt, aber niemand hat aufgemacht.*
Cet hiver, les SDF („sans domicile fixe") ont souffert du froid. — *Diesen Winter haben die Obdachlosen unter der Kälte gelitten.*

Die anderen Verben auf *-ir* haben entweder das Partizip Perfekt auf *-i* oder auf *-u*:

Infinitiv: -ir	→	**Partizip:** -i	
partir	*weggehen*	parti	*weggegangen*
sortir	*hinausgehen*	sorti	*hinausgegangen*
u. a.			

Infinitiv: -ir	→	**Partizip:** -u	
venir	*kommen*	venu	*gekommen*
courir	*laufen*	couru	*gelaufen*

Il est venu vers huit heures et il est reparti deux heures après. — *Er ist gegen acht Uhr gekommen und ist zwei Stunden später wieder weggegangen.*

! **Aber:** mourir-mort *(sterben-gestorben)*

Die Verben auf *-re*

Die meisten Verben, die im Infinitiv auf *-re* enden, bilden das Partizip auf *-u*. Alle Verben, die auf *-andre, -endre, -erdre, -ondre* und *-ordre* enden (außer *prendre* und seine Ableitungen) bilden ebenfalls das Partizip auf *-u*:

Infinitiv: -re	→	**Partizip:** -u	
entendre	*hören*	entendu	*gehört*
rompre	*(ab)brechen*	rompu	*(ab)gebrochen*
vendre	*verkaufen*	vendu	*verkauft*
perdre	*verlieren*	perdu	*verloren*
répondre	*antworten*	répondu	*geantwortet*
mordre	*beißen*	mordu	*gebissen*

Als Beispiel zwei Romantitel berühmter Schriftsteller:

„La femme rompue“ (S. de Beauvoir) — *„Die gebrochene Frau“*
„L’homme rompu“ (Tahar Ben Jelloun) — *„Der gebrochene Mann“*

Einige Verben mit Endung *-u* im Partizip verändern den Stamm:

Infinitiv: -re		→ **Partizip:** -u	
lire	*lesen*	lu	*gelesen*
vivre	*leben*	vécu	*gelebt*
connaître	*kennen*	connu	*gekannt*
plaire	*gefallen*	plu	*gefallen*

Dites-moi le titre du dernier roman que vous avez lu et qui vous a plu! — *Sagen Sie mir den Titel des letzten Romans, den Sie gelesen haben und der Ihnen gefallen hat!*

Die Verben auf *-aindre* und *-eindre* sowie eine große Anzahl der Verben auf *-ire* bilden das Partizip auf *-t*:

Infinitiv: -re		→ **Partizip:** -t	
dire	*sagen*	dit	*gesagt*
écrire	*schreiben*	écrit	*geschrieben*
faire	*machen*	fait	*gemacht*
peindre	*malen*	peint	*gemalt*
craindre	*fürchten*	craint	*gefürchtet*

Est-ce que je t'ai dit qu'il m'avait écrit une longue lettre? — *Habe ich dir gesagt, dass er mir einen langen Brief geschrieben hat?*

Bei einigen Verben auf *-re* ist die Endung *-i* Bestandteil des Stammes oder wird an den Stamm angehängt:

Infinitiv: -re		→ **Partizip:** -i	
rire	*lachen*	ri	*gelacht*
sourire	*lächeln*	souri	*gelächelt*
suivre	*folgen*	suivi	*gefolgt*

Elle m'a souri et je l'ai suivie. — *Sie hat mich angelächelt und ich bin ihr gefolgt.*

Il a suivi un cours de français à la ferme. — *Er hat einen Französischkurs auf dem Bauernhof gemacht.*

Wieder andere Verben bilden das Partizip mit einem verkürzten Stamm und der Endung *-is*:

Infinitiv: -re	→	**Partizip:** -is	
mettre	*legen, stellen*	mis	*gelegt, gestellt*
prendre	*nehmen*	pris	*genommen*
comprendre	*verstehen*	compris	*verstanden*
appendre	*lernen*	appris	*gelernt*

„Français, Françaises, je vous ai compris!“ (Charles de Gaulle) — *„Franzosen, Französinnen, ich habe euch verstanden.“*

Die Verben auf *-oir*

Alle Verben (außer *asseoir*), die im Infinitiv auf *-oir* enden, bilden das Partizip Perfekt auf *-u*.

Bei den meisten Verben wird das *-u* einfach an den Stamm angehängt:

Infinitiv: oir	→	**Partizip:** -u	
voir	*sehen*	vu	*gesehen*
vouloir	*wollen*	voulu	*gewollt*

Il n’a pas voulu dire son nom. — *Er hat seinen Namen nicht sagen wollen.*

Bei anderen Verben dagegen bleibt wenig vom Stamm übrig:

Infinitiv: oir	→	**Partizip:** -u	
pouvoir	*können*	pu	*gekonnt*
devoir	*müssen*	dû	*gemusst*
savoir	*wissen*	su	*gewusst*
pleuvoir	*regnen*	plu	*geregnet*

Nous n’avons pas pu y aller, nous avons dû travailler. — *Wir haben nicht hingehen können, wir haben arbeiten müssen.*

asseoir (hinsetzen) hat ein unregelmäßiges Partizip: *assis*.

18.3 Die Veränderlichkeit des Partizip Perfekt in den zusammengesetzten Zeiten

Anders als im Deutschen kann sich im Französischen das Partizip verändern. Wie das Adjektiv kann das Partizip im Femininum Singular ein *e* und im Maskulinum und Femininum Plural ein *s* bekommen. Ob das geschieht, hängt von verschiedenen Faktoren ab.

→ Adjektiv, 12

18.3.1 Veränderlichkeit des Partizips, wenn das Verb mit *être* konjugiert wird

Das Partizip wird dem Subjekt („wer?") angeglichen. Die Endungen verändern sich wie folgt:

Maskulinum Singular:	bleibt unverändert	*arrivé*
Femininum Singular:	+ *e*	*arrivée*
Maskulinum Plural:	+ *s*	*arrivés*
Femininum Plural:	+ *es*	*arrivées*

Il est arrivé en retard au rendez-vous. — *Er ist zu spät zur Verabredung gekommen.*

Elle est allé**e** seule chez leurs amis. — *Sie ist alleine zu ihren Freunden gegangen.*

Mes amies et moi sommes revenu**es** hier de vacances. — *Meine Freundinnen und ich sind gestern aus dem Urlaub zurückgekommen.*

18.3.2 Veränderlichkeit des Partizips, wenn das Verb mit *avoir* konjugiert wird

Das Partizip wird nur dann in Geschlecht und Zahl verändert, wenn ein direktes Objekt (*qui?* „wen?" oder *quoi?* „was?") dem Verb vorangeht. Das direkte Objekt kann ein Pronomen oder auch ein Substantiv sein:

Elle a mangé une pomme. — *Sie hat einen Apfel gegessen.*
La pomme qu'elle a mangé**e** était empoisonnée. — *Der Apfel, den sie gegessen hat, war vergiftet.*

Je vous ai apporté les documents.	*Ich habe Ihnen die Unterlagen gebracht.*
Les documents que je vous ai apporté**s** sont confidentiels.	*Die Unterlagen, die ich Ihnen mitgebracht habe, sind vertraulich.*

18.3.3 Veränderlichkeit des Partizips, wenn das Verb reflexiv oder reziprok ist

Das Partizip stimmt in Geschlecht und Zahl mit dem Subjekt und dem Reflexivpronomen (Objekt) überein, wenn kein anderes Objekt im Satz steht:

Elle s'est lavé**e**.	*Sie hat sich gewaschen.*

Wenn hingegen ein direktes Objekt nach dem Verb steht, ist das Partizip in Geschlecht und Zahl unveränderlich:

Elle s'est lav**é** les cheveux.	*Sie hat sich die Haare gewaschen.*

Steht aber das Objekt vor dem Verb, wird das Partizip diesem angeglichen:

Ils se sont écrit des lettres.	*Sie haben sich Briefe geschrieben.*
Les lettres qu'ils se sont écrite**s**...	*Die Briefe, die sie sich geschrieben haben...*

18.4 Der Gebrauch des Perfekts

Das Perfekt wird benutzt,

- um von einer abgeschlossenen Handlung zu berichten, die meistens noch nicht allzu lange zurückliegt und die noch Auswirkungen auf die Gegenwart hat:

Le Président a rendu visite à son homologue allemand.	*Der Präsident hat seinem deutschen Amtskollegen einen Besuch abgestattet.*
J'ai mal dormi cette nuit parce que j'ai fait des cauchemars.	*Ich habe heute Nacht schlecht geschlafen, weil ich Alpträume hatte.*

- um eine Reihe von aufeinander folgenden abgeschlossenen Handlungen aufzuzählen:

Il est sorti du bureau à 6 heures. Ensuite, il est allé chez le coiffeur, puis chez son esthéticienne. J'ai attendu une heure sous l'horloge.	*Er hat um 6 Uhr das Büro verlassen. Dann ist er zum Friseur gegangen, danach zu seiner Kosmetikerin. Ich habe eine Stunde unter der Turmuhr auf ihn gewartet.*

- um ein weit zurückliegendes Ereignis festzuhalten:

Louis Pasteur a vécu de 1822 à 1895.	*Louis Pasteur hat von 1822 bis 1895 gelebt.*
Joseph Cugnot a construit en 1770 la première voiture automobile à vapeur.	*Joseph Cugnot hat 1770 das erste Dampfautomobil erfunden.*

19 Gegenüberstellung von Imperfekt und Perfekt

Im Deutschen können wir ziemlich frei über die Wahl der Zeiten der Vergangenheit entscheiden. Leider gilt dies nicht für die französische Sprache. Hier ist genau festgelegt, wann man welche Zeiten verwenden muss. Die unterschiedliche Funktion von *Imparfait* und *passé composé* (Imperfekt – Perfekt) wollen wir nun mit Hilfe von Beispielen deutlich machen.

Am Anfang soll sich der Leser bzw. der Hörer vorstellen können, in welchem Rahmen, vor welchem Hintergrund sich eine Geschichte zugetragen hat:

C'**était** un beau jour de mai, les oiseaux **gazouillaient**, les enfants **jouaient** dans la rue, les ménagères **aéraient** les chambres …	*Es war an einem schönen Tag im Mai, die Vögel zwitscherten, die Kinder spielten auf der Straße, die Hausfrauen lüfteten die Schlafzimmer…*

Die Vorgänge, die Hintergrundkulisse für später einsetzende Handlungen sind, werden im Imperfekt ausgedrückt. Denn das Imperfekt dient der Beschreibung eines Zustandes, dessen zeitliche Begrenzung nicht von Bedeutung ist.

→ Imperfekt, 17.2

Plötzlich setzt eine Folge von Handlungen ein, die nacheinander geschehen und deren zeitlich begrenzte Dauer hervorgehoben werden soll: diese müssen im Perfekt ausgedrückt werden:

→ Perfekt, 18.4

... lorsqu'une voiture noire s'**est** lentement **approchée**. Elle **s'est arrêtée** devant le kiosque à journaux. Deux hommes en **sont descendus** ...	*... als sich ein schwarzes Auto langsam näherte. Es hielt vor dem Zeitungskiosk an. Zwei Männer stiegen aus ...*
Les enfants **continuaient** leur jeu sans remarquer les deux hommes.	*Die Kinder spielten weiter, ohne die zwei Männer zu beachten.*

Hier drückt das Imperfekt aus, dass die Vorgänge der Ausgangssituation noch andauern bzw. nicht abgeschlossen sind.

Wenn hingegen neue Handlungen eintreten und zeitlich eingegrenzt werden, muss erneut das Perfekt verwendet werden:

Alors les enfants **se sont arrêtés** de jouer, les ménagères **ont fermé** les fenêtres.	*Da haben die Kinder ihr Spiel beendet, die Hausfrauen haben die Fenster geschlossen.*

Bestimmte „Signalwörter“, die den Beginn einer Handlung unterstreichen, zeigen an, wann das Perfekt zu verwenden ist, z. B.:

un jour	*eines Tages*	alors	*nun*
une fois	*ein Mal*	tout à coup	*auf einmal, plötzlich*
le + Datum	*Am ...*	tout d'un coup	*mit einem Mal*
quand / lorsque	*als*	soudain	*plötzlich*
u. a.			

! Mit *quand* und *lorsque* ist auch das Imperfekt möglich. Das Perfekt wird verwendet, wenn die Ereignisse plötzlich geschehen und einmalig sind. Wiederholte Handlungen in der Vergangenheit werden mit Imperfekt ausgedrückt:

→ 17.2

Quand son père **allait** à la ville, il lui **rapportait** des bijoux.	*(Immer) Wenn ihr Vater in die Stadt ging, brachte er ihr Schmuck mit.*

Lorsqu'il **toussait**, elle **ouvrait** son parapluie.	*(Jedes Mal) Wenn er hustete, öffnete sie ihren Regenschirm.*

Betrachten wir noch folgende Beispiele: In allen drei Fällen läuft eine Handlung ab und dauert noch an, während eine zweite beginnt. Anfang und Ende der ersten Handlung liegen außerhalb des Blickfelds, während der Beginn der zweiten Handlung unterstrichen wird:

Il **dormait** déjà quand elle **est rentrée.**	*Er schlief schon, als sie nach Hause kam.*
Je **sortais** quand le téléphone **a sonné.**	*Ich ging hinaus, als das Telefon klingelte.*
J'**achetais** le journal lorsque tout à coup la bombe **a explosé.**	*Ich war gerade dabei die Zeitung zu kaufen, als plötzlich die Bombe explodierte.*

20 Das Plusquamperfekt

Die Bildung und der Gebrauch dieser Zeit entsprechen dem Deutschen.

20.1 Die Bildung des Plusquamperfekts

Man bildet das Plusquamperfekt mit dem Indikativ Imperfekt der Hilfsverben *être* bzw. *avoir* und dem Partizip Perfekt des Verbs, das konjugiert wird:

faire *machen*	sortir *ausgehen*
j'avais fait tu avais fait il, elle avait fait nous avions fait vous aviez fait ils, elles avaient fait	j'étais sorti(e) tu étais sorti(e) il, elle était sorti(e) nous étions sorti(e)s vous étiez sorti(e)s ils, elles étaient sorti(e)s

A la fin des vacances, elle **avait fait** la connaissance de tous les moniteurs.

Am Ende der Ferien hatte sie alle Animateure kennen gelernt.

Ils **étaient sortis** avec le chien avant l'arrivée des enfants.

Vor der Ankunft der Kinder waren sie mit dem Hund ausgegangen.

→ Angleichung des Partizips, 18.3

20.2 Der Gebrauch des Plusquamperfekts

Wie im Deutschen drückt das Plusquamperfekt auch im Französischen aus, dass ein Vorgang oder eine Handlung der Vergangenheit vor einer anderen stattgefunden hat, die im Französischen im Imperfekt, Perfekt oder *passé simple* wiedergegeben wird:

Au petit déjeuner, nous dégustions les croissants que le boulanger **avait déposés** devant la porte.

Zum Frühstück ließen wir uns die Croissants schmecken, die der Bäcker vor die Tür gelegt hatte.

Vous ne savez pas la dernière? Eh bien! Le fils de la voisine a eu un accident avec une moto qu'il **avait volée** la veille.

Wissen Sie schon das Neueste? Also, der Sohn der Nachbarin hat einen Unfall mit einem Motorrad gehabt, das er am Vorabend geklaut hatte.

Die Geschehnisse im Plusquamperfekt können in Bezug auf die anderen vergangenen Handlungen auch sehr weit zurückliegen:

Miracle! Elle a retrouvé son mari qui **avait disparu** 50 ans auparavant.

Ein Wunder! Sie hat ihren Mann, der vor 50 Jahren verschwunden war, wieder gefunden.

21 Das *passé simple*

Das *passé simple* hat im Deutschen keine Entsprechung. Es wird vorwiegend in der geschriebenen Sprache verwendet.

21.1 Die Bildung des *passé simple*

An den Stamm, der sich innerhalb der jeweiligen Konjugation nicht verändert, werden die entsprechenden Endungen angehängt. Charakteristisch für diese Endungen ist der *„accent circonflexe"* auf dem Vokal der ersten und zweiten Person Plural.

21.1.1 Die Verben der ersten Gruppe auf *-er*, und das Verb *aller*

Alle Verben, die im Infinitiv auf *-er* enden, haben im *passé simple* die gleichen Endungen:

parler *sprechen*		aller *gehen*	
je parl**ai** tu parl**as** il, elle parl**a**	nous parl**âmes** vous parl**âtes** ils, elles parl**èrent**	j'all**ai** tu all**as** il, elle all**a**	nous all**âmes** vous all**âtes** ils, elles all**èrent**

Ils parlèrent de leurs souvenirs d'enfance. — *Sie sprachen über ihre Kindheitserinnerungen.*

21.1.2 Die Verben auf *-ir* (mit und ohne Stammerweiterung)

Abgesehen von wenigen Ausnahmen haben die Verben, die im Infinitiv auf *-ir* enden, immer folgende Endungen:

finir *enden, beenden*		partir *weggehen*	
je fin**is** tu fin**is** il, elle fin**it**	nous fin**îmes** vous fin**îtes** ils, elles fin**irent**	je part**is** tu part**is** il, elle part**it**	nous part**îmes** vous part**îtes** ils, elles part**irent**

Il finit par accepter les conditions. — *Er nahm schließlich die Bedingungen an.*

Aber:

- *venir, tenir* und ihre Ableitungen haben eine eigene Form:

venir *kommen*		tenir *halten*	
je vins	nous vînmes	je tins	nous tînmes
tu vins	vous vîntes	tu tins	vous tîntes
il, elle vint	ils, elles vinrent	il, elle tint	ils, elles tinrent

„La maîtresse ne vint pas lui apporter à boire, ni lui parler.“ (aus: Emmanuel Carrère: La classe de neige.)

Die Lehrerin kam nicht, brachte ihm nicht zu trinken und sprach nicht mit ihm.

- *mourir* und *courir* enden auf *-u*:

mourir *sterben*		courir *rennen*	
je mourus	nous mourûmes	je courus	nous courûmes
tu mourus	vous mourûtes	tu courus	vous courûtes
il, elle mourut	ils, elles moururent	il, elle courut	ils, elles coururent

Louis XVI mourut sur l'échafaud.

Ludwig der XVI. starb auf dem Schafott.

21.1.3 Die Verben auf *-re*

Alle Verben auf *-re* bilden das *passé simple* entweder auf *i* oder *u*.

Die Verben auf *-andre, -endre, -erdre, -ompre, -ondre, -ordre* bilden das *passé simple* auf *i* und haben die gleichen Endungen wie die Verben auf *-ir*:

perdre *verloren*	
je perdis	nous perdîmes
tu perdis	vous perdîtes
il, elle perdit	ils, elles perdirent

Aber: *prendre* (nehmen): *je pris, tu pris, il prit, nous prîmes, vous prîtes, ils prirent*

Einige Verben auf *-re* bilden das *passé simple* auf *u*:

connaître *kennen*		lire *lesen*	
je connus	nous connûmes	je lus	nous lûmes
tu connus	vous connûtes	tu lus	vous lûtes
il, elle connut	ils, elles connurent	il, elle lut	ils, elles lurent

Einige Verben auf *-re* haben eine besondere Form:

mettre	je mis ..., nous mîmes ...	*stellen*
faire	je fis ..., nous fîmes ...	*machen, tun*
écrire	j'écrivis ..., nous écrivîmes ...	*schreiben*
peindre	je peignis ..., nous peignîmes ...	*malen*

21.1.4 Die Verben auf *-oir, -oire*

Alle Verben auf *-oire* und die meisten Verben auf *-oir* bilden das *passé simple* auf *u*. Der Stamm hat die gleiche Form wie die des Partizip Perfekt: → 18.2

boire *trinken*	
je bus	nous bûmes
tu bus	vous bûtes
il, elle but	ils, elles bûrent

Ebenso:

devoir	je dus ..., nous dûmes ...	*müssen*
pouvoir	je pus ..., nous pûmes ...	*können*
croire	je crus ..., nous crûmes ...	*glauben*
savoir	je sus ..., nous sûmes ...	*wissen*
vouloir	je voulus ..., nous voulûmes ...	*wollen*

Le roi se mit à pleurer et la petite Lucile dut le consoler. — *Der König fing an zu weinen, und die kleine Lucile musste ihn trösten.*
(H. Bichonnier: Le monstre poilu)

Aber: *s'asseoir* (sich setzen): *je m'assis, nous nous assîmes;*
voir (sehen): *je vis, nous vîmes*

21.1.5 Die Verben *être* und *avoir*

être *sein*		avoir *haben*	
je fus	nous fûmes	j'eus	nous eûmes
tu fus	vous fûtes	tu eus	vous eûtes
il, elle fut	ils, elles furent	il, elle eut	ils, elles eurent

Leur première inquiétude **fut** de nous demander s'il n'y avait pas d'autres blessés. (Zeitschrift Télérama, Nr. 2387)	*Ihre erste Sorge war es, uns zu fragen, ob es weitere Verletzte gab.*

21.2 Der Gebrauch des *passé simple*

Wie bereits in der Einführung erwähnt, gehört das *passé simple* vorwiegend der Schriftsprache an. In der Umgangssprache wird es durch das Perfekt ersetzt.

Das *passé simple* drückt einmalige, vergangene Ereignisse oder aufeinander folgende Handlungen aus. Im Unterschied zum Perfekt hat es keinen direkten Bezug zur Gegenwart: Es drückt nur abgeschlossene Ereignisse aus. In Romanen oder Märchen wird es in Verbindung mit dem Imperfekt verwendet – oft in der 3. Person.

Marinette eut l'idée de consulter les bêtes de la ferme. (Marcel Aymé: La patte du chat)	*Marinette hatte die Idee, die Tiere des Bauernhofes zu Rate zu ziehen.*
Lambert arriva à 13h40. Nous l'accueillîmes simplement, comme si de rien n'était, . . . (Sempé: Monsieur Lambert)	*Lambert kam um 13.40 Uhr an. Wir empfingen ihn einfach, als ob nichts wäre, . . .*
Il (Louis Malle) incarna l'autre Nouvelle Vague, et voulut tout explorer. . . (aus: Le Nouvel Observateur)	*Er (Louis Malle) verkörperte die andere Nouvelle Vague und wollte alles erforschen.*

22 Das *passé antérieur*

Diese Zeit der Vergangenheit wird überwiegend in der Schriftsprache und in literarischen Texten verwendet. Sie hat keine entsprechende Form im Deutschen.

22.1 Die Bildung des *passé antérieur*

Das *passé antérieur* wird mit den Hilfsverben *être* oder *avoir* im *passé simple* und dem Partizip Perfekt des Verbs gebildet, das konjugiert wird:

faire *machen*	sortir *ausgehen*
j'eus fait tu eus fait il eut fait nous eûmes fait vous eûtes fait ils eurent fait	je fus sorti(e) tu fus sorti(e) il, elle fut sorti(e) nous fûmes sorti(e)s vous fûtes sorti(e)s ils, elles furent sorti(e)s

22.2 Der Gebrauch des *passé antérieur*

Wie das Plusquamperfekt drückt das *passé antérieur* aus, dass ein Vorgang oder eine Handlung der Vergangenheit vor einer anderen stattgefunden hat:

A dix-huit ans, quand j'**eus fini** mes premières études, (...) je **partis** sur les routes.	*Als ich mit achtzehn meine ersten Studien beendet hatte, (...) machte ich mich auf den Weg.*

(André Gide: Les nourritures terrestres)

Im Unterschied zum Plusquamperfekt geschieht der Vorgang, der im *passé antérieur* ausgedrückt wird, unmittelbar vor der folgenden Handlung. Die Konjunktionen der Zeit wie z. B. *dès que, aussitôt que, après que* unterstreichen dies:

Dès qu'il **fut assoupi**, elle s'éloigna à pas feutrés.	*Sobald er eingeschlummert war, entfernte sie sich auf Zehenspitzen.*

23 Das Futur

23.1 Das Futur I

Handlungen, die in der Zukunft stattfinden, werden mit dem Futur I (einfaches Futur) ausgedrückt, das anders als im Deutschen ohne Hilfsverb gebildet wird.

23.1.1 Regelmäßige Formen

Verben der 1. Gruppe: auf *-er* (außer *aller*) manger *essen*		**Verben der 2. Gruppe:** auf *-ir* (mit Stammerweiterung) finir *enden, beenden*	
je manger**ai**	nous manger**ons**	je fini**rai**	nous fini**rons**
tu manger**as**	vous manger**ez**	tu fini**ras**	vous fini**rez**
il, elle manger**a**	ils, elle manger**ont**	il, elle fini**ra**	ils, elles fini**ront**

Verben der 3. Gruppe:		
auf *-ir* partir *weggehen*	auf *-re* lire *lesen*	auf *-oir* devoir *müssen*
je partir**ai**	je lir**ai**	je devr**ai**
tu partir**as**	tu lir**as**	tu devr**as**
il, elle partir**a**	il, elle lir**a**	il, elle devr**a**
nous partir**ons**	nous lir**ons**	nous devr**ons**
vous partir**ez**	vous lir**ez**	vous devr**ez**
ils, elles partir**ont**	ils, elles lir**ont**	ils, elles devr**ont**

- Bei Verben auf *-er* (außer *aller*) und bei den meisten auf *-ir* werden die Futurendungen an den Infinitiv gehängt.
- Bei Verben auf *-re*, fällt das *-e* weg, bevor die entsprechenden Endungen angehängt werden:

J'écrir**ai** demain à mon mari!	*Ich werde meinem Mann morgen schreiben!*
Nous apprendr**ons** les terminaisons du futur.	*Wir werden die Futurendungen lernen.*

23.1.2 Unregelmäßige Formen: andere Verben der 3. Gruppe

Einige Verben sind im Futur unregelmäßig. Sie verändern ihren Stamm, erhalten aber die üblichen Futurendungen. Hier eine Auswahl der wichtigsten:

accueillir	j'accueillerai ...	*empfangen*
aller	j'irai ...	*gehen*
avoir	j'aurai ...	*haben*
courir	je courrai	*rennen*
être	je serai ...	*sein*
faire	je ferai ...	*machen*
pouvoir	je pourrai ...	*können*
savoir	je saurai ...	*wissen*
venir	je viendrai ...	*kommen*
voir	je verrai ...	*sehen*
vouloir	je voudrai ...	*wollen*

Elle sera très heureuse de vous connaître. — *Sie wird sehr glücklich sein, Sie kennen zu lernen.*

Il fera tout ce que vous voudrez! — *Er wird alles machen, was Sie wollen!*

23.2 Das Futur II

Das Futur II (zusammengesetztes Futur) wird für zukünftige Handlungen verwendet, die als abgeschlossen angesehen werden, bevor eine andere zukünftige Handlung eintritt.
Diese Zeit wird ähnlich wie das Perfekt gebildet, mit der im Futur konjugierten Form von *avoir* bzw. *être* und dem Partizip Perfekt: → 18.1

Quand les invités **seront partis**, nous pourrons enfin nous amuser! — *Wenn die Gäste weg sind* (wörtl.: *weg sein werden*), *werden wir uns endlich amüsieren können!*

Quand tu **auras terminé** tes devoirs, tu pourras regarder la télévision. — *Wenn du deine Aufgaben fertig hast, kannst du fernsehen.*

23.3 Weitere Möglichkeiten, zukünftige Handlungen auszudrücken

Mit dem Präsens

Im Gegensatz zum Deutschen ist der Gebrauch des Präsens statt des Futurs nicht sehr verbreitet und gehört der Umgangssprache an. Das Präsens wird verwendet, um Handlungen auszudrücken, die in Kürze stattfinden, allgemeine Gültigkeit haben oder ausgeführt werden. Dies kann zusätzlich durch Zeitangaben wie *tout de suite, tout à l'heure (sofort, gleich)* deutlich gemacht werden:

Ce soir, elle va au cinéma.	*Heute Abend geht sie ins Kino.*
Je te rappelle tout de suite!	*Ich rufe dich sofort zurück!*
Demain, je signe mon nouveau contrat.	*Morgen unterzeichne ich meinen neuen Vertrag.*

Mit dem *futur proche*

Für Handlungen, die aus der Sicht des Sprechenden eher spontan und in Kürze erfolgen, wird diese Form sehr oft benutzt. Man findet sie in den Grammatiken unter den Bezeichnungen: *futur proche, futur composé* oder *futur immédiat*. Es gibt dafür im Deutschen keine Entsprechung.
Das *futur proche* wird mit dem Verb *aller* im Präsens und dem Infinitiv gebildet:

futur proche = *aller* + Infinitiv

Ça **va aller** comme ça?	*Wird es so gehen?*
La séance **va commencer** dans dix minutes.	*Die Vorstellung fängt in zehn Minuten an.*

Auch in der Vergangenheit können wir ausdrücken, dass eine Handlung unmittelbar bevorsteht: das Verb *aller* steht dann im Imperfekt:

La séance **allait commencer** quand on a entendu un grand cri.	*Die Vorstellung sollte gerade anfangen, als wir plötzlich ein lautes Geschrei hörten.*

24 Das *conditionnel* und die Bedingungssätze

24.1 Das *conditionnel* Präsens

Wann immer man im Französischen das *conditionnel* benutzt, wird im Deutschen meistens die Form des Konjunktivs II verwendet:

A ta place, je **signerais** le contrat.	*An deiner Stelle würde ich den Vertrag unterschreiben.*

24.1.1 Die Bildung des *conditionnel* Präsens

Das *conditionnel* Präsens wird gebildet, indem man die Endungen des Imperfekts an den Futurstamm anhängt: → 17.1

prendre *nehmen*	
Futur	***conditionnel***
je **prendr**ai	je prendr**ais**
tu **prendr**a	tu prendr**ais**
il, elle **prendr**a	il, elle prendr**ait**
nous **prendr**ons	nous prendr**ions**
vous **prendr**ez	vous prendr**iez**
ils, elles **prendr**ont	ils, elles prendr**aient**

! Die Verben, die im Futur I ihren Stamm verändern, behalten diese Form im *conditionnel* Präsens:

Infinitiv		**Futurstamm**	***conditionnel* Präsens**
aller	*gehen*	ir-	j'irais . . ., nous irions . . .
avoir	*haben*	aur-	j'aurais . . ., nous aurions . . .
être	*sein*	ser-	je serais . . ., nous serions . . .
faire	*machen*	fer-	je ferais . . ., nous ferions . . .
venir	*kommen*	viendr-	je viendrais . . ., nous viendrions

24.1.2 Der Gebrauch des *conditionnel*

Als Höflichkeitsform

Mit dem Gebrauch des *conditionnel* kann eine Bitte oder ein Wunsch einen höflichen Ton bekommen:

Je voudrais trois croissants, s'il vous plaît. (statt *Je veux...*)	*Ich möchte bitte drei Croissants.*
Nous aimerions avoir un petit renseignement. (statt *Nous aimons avoir...*)	*Wir hätten gerne eine kleine Auskunft.*

Zum Ausdruck eines Wunsches, einer Empfehlung

Tu pourrais peut-être m'aider.	*Du könntest mir vielleicht helfen.*
A ta place, je n'irais pas.	*Ich an deiner Stelle würde nicht hingehen.*
Vous devriez faire plus de sport.	*Sie sollten mehr Sport machen.*
Il faudrait que vous pensiez à payer ma petite facture.	*Sie sollten daran denken, meine kleine Rechnung zu bezahlen.*

Zum Ausdruck einer Annahme

Dieser Gebrauch des *conditionnel* begegnet einem in der Presse, und zwar zur Wiedergabe nicht bestätigter Meldungen:

Il y aurait de l'eau sur Mars.	*Es soll Wasser auf dem Mars geben.*

Zum Ausdruck von erträumten und fantasierten Vorstellungen, wie z. B. in Kinderspielen, wird ebenfalls das *conditionnel* benutzt:

Tu serais le roi, moi je serais la reine et vous, vous seriez nos serviteurs.	*Du wärest der König, ich wäre die Königin und ihr, ihr wäret unsere Diener.*
Vous seriez à Paris et vous ne retrouveriez plus votre hôtel...	*Nehmen wir an, Sie sind in Paris und finden Ihr Hotel nicht mehr...*

In der indirekten Rede als Ausdruck der Zukunft

Für Handlungen, die vom Standpunkt der **Gegenwart** aus in der Zukunft stattfinden werden, wird das Futur I benutzt:

Ils **écrivent** qu'ils **viendront** nous voir demain.
Sie schreiben, dass sie uns morgen besuchen werden.

La radio **annonce** qu'il **pleuvra** toute la semaine.
Das Radio teilt mit, dass es die ganze Woche regnen wird.

Für Handlungen, die vom Standpunkt der **Vergangenheit** aus in der Zukunft stattfinden werden, wird das *conditionnel* verwendet:

Ils **ont écrit** qu'ils **viendraient** nous voir demain.
Sie haben geschrieben, dass sie uns morgen besuchen werden.

La radio **annonçait** qu'il **pleuvrait** toute la semaine.
Das Radio teilte mit, dass es die ganze Woche regnen würde.

! Im Französischen werden in der indirekten Rede die Zeiten nach bestimmten Regeln verwendet.
→ Indirekte Rede, 29

24.2 Das *conditionnel passé*

Das *conditionnel passé* wird wie alle zusammengesetzten Zeiten mit den Hilfsverben *être* bzw. *avoir* und dem Partizip Perfekt gebildet.
être oder *avoir* stehen im *conditionnel*:

manger *essen*	arriver *ankommen*
j'aurais mangé tu aurais mangé il, elle aurait mangé nous aurions mangé vous auriez mangé ils, elles auraient mangé	je serais arrivé(e) tu serais arrivé(e) il, elle serait arrivé(e) nous serions arrivé(e)s vous seriez arrivé(e)s ils, elles seraient arrivé(e)s

Das *conditionnel passé* drückt oft ein Bedauern aus. Es wird auch zum Ausdruck einer Annahme verwendet:

Il aurait aimé venir.	*Er wäre gerne gekommen.*
Le prix de l'essence aurait augmenté de 35 % en trois ans.	*Der Benzinpreis wäre in drei Jahren um 35 % gestiegen.*

24.3 Das *conditionnel* im Bedingungssatz

Das *conditionnel* entspricht im Deutschen der „Bedingungsform", weil es häufig in Zusammenhang mit einer Bedingung – eingeleitet durch si *(wenn)* – ausgedrückt wird.
An dieser Stelle möchten wir darauf hinweisen, dass das deutsche *„wenn"* sowohl Ausdruck einer Bedingung als auch einer Zeitangabe sein kann. Im Französischen haben wir hierfür aber zwei verschiedene Konjunktionen, die nicht verwechselt werden dürfen:

si	=	Bedingung	*(wenn = falls)*
quand	=	Zeitangabe	*(wenn = in den Moment, zu dem Zeitpunkt …)*

Ist die Bedingung für das Eintreten einer Handlung sicher oder möglich, so wird die eintretende Handlung als eine sichere Konsequenz beurteilt, die mit Präsens, Futur oder Perfekt ausgedrückt werden kann:

Si tu **vas** en France, **rapporte**-moi un bon camembert.	*Wenn du nach Frankreich fährst, bring mir einen guten Camembert mit.*
S'il **fait** beau, nous **ferons** une promenade en bateau.	*Wenn das Wetter schön ist, werden wir eine Schifffahrt machen.*
Si elles **ont trouvé** une chambre, elles **ont eu** de la chance!	*Wenn sie ein Zimmer gefunden haben, haben sie Glück gehabt!*

Anders jedoch bei Bedingungen, die als noch nicht erfüllt oder auch in Zukunft nicht erfüllbar betrachtet werden. Besserwisser sagen dann gerne:

Si tu **conduisais** plus vite, je **pourrais** avoir mon train.	*Wenn du schneller fahren würdest, könnte ich meinen Zug bekommen.*

Si elle **buvait** moins de café, elle **serait** moins nerveuse.	*Wenn sie weniger Kaffee trinken würde, wäre sie weniger nervös.*
Si vous **aviez augmenté** votre chiffre d'affaires, vous **auriez eu** une augmentation de salaire!	*Wenn sie ihren Umsatz erhöht hätten, hätten sie eine Lohnerhöhung bekommen!*

Alle diese Aussagen können wir mit dem Zusatz: „Leider ist es nicht so!“ versehen. Die Handlung wird also nicht eintreten.

Zum Schluss wollen wir die verschiedenen Kombinationen in einer Tabelle zusammenfassen:

si-Satz	Hauptsatz
Präsens oder Perfekt	Präsens, Futur oder Perfekt
Imperfekt oder Plusquamperfekt	*conditionnel*
Plusquamperfekt	*conditionnel passé*

25 Der *subjonctif*

Jeder hat Hoffnungen und Wünsche für die Zukunft. Zwischen Wirklichkeit und Wunschvorstellungen gilt es zu unterscheiden. Die französische Grammatik löst dieses Problem auf einfache Art: Wünsche werden mit Hilfe des *subjonctif* geäußert:

Qu'il **fasse** beau demain !	*Hoffentlich ist es schönes Wetter morgen!*
J'aimerais que tu **travailles** plus.	*Ich möchte, dass du mehr arbeitest.*
Il faut que vous **finissiez** ce travail aujourd'hui.	*Sie müssen diese Arbeit heute beenden.*
Le médecin veut que tu **boives** ce médicament.	*Der Arzt will, dass du diese Medizin trinkst.*

An den Übersetzungen merken wir, dass der *subjonctif* nicht mit dem deutschen Konjunktiv gleichzusetzen ist. Wir werden ihn daher weiterhin *subjonctif* nennen.
Außerdem kann man feststellen, dass der *subjonctif* immer mit *que* eingeleitet wird.

25.1 Die Formen des *subjonctif*

25.1.1 Der *subjonctif* Präsens

Der *subjonctif* Präsens wird mit dem Stamm der 3. Person Plural des Indikativ Präsens und den entsprechenden Endungen gebildet:

travailler *arbeiten*		
Indikativ Präsens	***subjonctif* Präsens**	
ils **travaill**ent	que je travaill**e** que tu travaill**es** qu'il travaill**e**	que nous travaill**ions** que vous travaill**iez** qu'ils travaill**ent**

finir *enden, beenden*		
Indikativ Präsens	***subjonctif* Präsens**	
ils **finiss**ent	que je finiss**e** que tu finiss**es** qu'il finiss**e**	que nous finiss**ions** que vous finiss**iez** qu'ils finiss**ent**

- In manchen Fällen gleicht die Form des *subjonctif* Präsens der des Indikativ Präsens *(tu travailles)*. In anderen erinnert der *subjonctif* stark an das Imperfekt *(vous finissiez)*.

- Die Verben, die bereits im Indikativ Präsens eine Stammveränderung haben, behalten sie im *subjonctif*:

boire *trinken*		
Indikativ Präsens	***subjonctif*** **Präsens**	
nous **bu**vons ils **boi**vent	que je boiv**e** que tu boiv**es** qu'il boiv**e**	que nous **buvions** que vous **buviez** qu'ils boiv**ent**

Unregelmäßige Verben:

Einige wenige Verben sind unregelmäßig:

avoir *haben*	être *sein*	aller *gehen*
que j'aie que tu aies qu'il ait que nous ayons que vous ayez qu'ils aient	que je sois que tu sois qu'il soit que nous soyons que vous soyez qu'ils soient	que j'aille que tu ailles qu'il aille que nous allions que vous alliez qu'ils aillent

faire *machen*	pouvoir *können*	savoir *wissen*
que je fasse que tu fasses qu'il fasse que nous fassions que vous fassiez qu'ils fassent	que je puisse que tu puisses qu'il puisse que nous puissions que vous puissiez qu'ils puissent	que je sache que tu saches qu'ils sache que nous sachions que vous sachiez qu'ils sachent

Je ne crois pas qu'ils **puissent** le faire. — *Ich glaube nicht, dass sie es machen können.*

Nous avons besoin d'une secrétaire qui **sache** parler cinq langues, mais ne demande jamais d'augmentation. — *Wir brauchen eine Sekretärin, die fünf Sprachen kann, aber nie eine Gehaltserhöhung verlangt.*

valoir *wert sein*	vouloir *wollen*	falloir *müssen*
que je vaille que tu vailles qu'il vaille que nous valions que vous valiez qu'ils vaillent	que je veuille que tu veuilles qu'il veuille que nous voulions que vous vouliez qu'ils veuillent	qu'il faille **pleuvoir** *regnen* qu'il pleuve

25.1.2 Der *subjonctif* Perfekt

Wie der Indikativ Perfekt wird der *subjonctif* Perfekt mit dem Hilfsverb *être* oder *avoir* und dem Partizip Perfekt gebildet.
être bzw. *avoir* stehen im *subjonctif* Präsens:

manger *essen*	arriver *ankommen*
que j'aie mangé que tu aies mangé qu'il ait mangé que nous ayons mangé que vous ayez mangé qu'ils aient mangé	que je sois arrivé(e) que tu sois arrivé(e) qu'il soit arrivé que nous soyons arrivé(e)s que vous soyez arrivé(e)s qu'ils soient arrivé(e)s

Je souhaitais qu'il n'**ait** rien **oublié**. — *Ich wünschte, dass er nichts vergessen hätte.*
Il est possible que je me **sois trompé** de numéro. — *Es ist möglich, dass ich mich in der Nummer geirrt habe.*

! Der *subjonctif* Perfekt wird hier gebraucht, weil er eine Handlung ausdrückt, die vor der des Hauptsatzes stattgefunden hat.

25.2 Der Gebrauch des *subjonctif*

25.2.1 Ausdruck des Wünschens oder Wollens

Alles, was einerseits erwünscht wird aber noch nicht realisiert ist, wird mit Hilfe des *subjonctif* ausgedrückt:

J'aimerais que tu m'**aides**.	*Ich hätte gern, dass du mir hilfst.*
Nous désirons que vous **arrêtiez** de faire du bruit.	*Wir möchten wirklich gern, dass ihr mit dem Krach aufhört.*
Ils ont besoin que vous les **encouragiez.**	*Sie brauchen eure/Ihre Unterstützung.*
Il accepte que j'**aille** au cinéma avec toi.	*Er akzeptiert, dass ich mit dir ins Kino gehe.*

Nach folgenden Verben steht der *subjonctif* im Nebensatz:

accepter	*akzeptieren*	+ ***que*** + ***subjonctif***
aimer	*wünschen*	
désirer	*wünschen*	
ordonner	*anordnen*	
refuser	*ablehnen*	
souhaiter	*wünschen*	
vouloir	*wollen*	
avoir envie	*Lust haben*	
avoir besoin	*brauchen*	
u. a.		

! Nach *espérer (hoffen)* steht nie der *subjonctif*, sondern der Indikativ:

	J'espère que vous **passerez** de bonnes vacances.	*Ich hoffe, dass Sie schöne Ferien verbringen werden.*
Aber:	Je souhaite que vous **passiez** de bonnes vacances.	*Ich wünsche Ihnen, (dass Sie) schöne Ferien (verbringen).*

25.2.2 Ausdruck der Unsicherheit, der persönlichen Meinung

Es gibt verschiedene Möglichkeiten, die eigenen Zweifel, Unsicherheit und eine abweichende persönliche Meinung auszudrücken:

je doute	*ich bezweifle*	+ ***que*** + ***subjonctif***
je ne suis pas sûr	*ich bin nicht sicher*	
je ne suis pas certain	*ich bin nicht sicher*	
je ne crois pas	*ich glaube nicht*	
je ne pense pas	*ich denke nicht*	
je ne trouve pas	*ich finde nicht*	

Il n'est pas sûr que ce **soit** la bonne route.	*Er ist nicht sicher, dass das der richtige Weg ist.*

! Werden diese Wendungen hingegen bejaht, darf kein *subjonctif* folgen. Nur nach *douter* steht aber immer der *subjonctif*:

Je pense qu'il **a** raison.	*Ich denke, dass er Recht hat.*
Je suis sûr qu'elle **viendra**.	*Ich bin sicher, dass sie kommen wird.*
Je doute qu'il **puisse** m'aider.	*Ich bezweifle, dass er mir helfen kann.*

25.2.3 Gefühlsausdrücke: Freude, Bedauern oder Angst

Nach Verben bzw. Wendungen, die Gefühle wie Freude, Bedauern oder Angst ausdrücken, muss der *subjonctif* stehen:

Je suis très content que vous m'**ayez invité**.	*Ich bin sehr froh, dass Sie mich eingeladen haben.*
Je regrette que tu **partes**.	*Ich bedauere, dass du fortgehst.*
J'ai peur qu'il (ne)* lui **soit arrivé** un accident.	*Ich habe Angst, dass ihm ein Unfall passiert ist.*

**ne* ist hier keine Verneinung. Es unterstreicht die Aussage des *que*-Satzes (sog. *ne explétif*). In der gesprochenen Sprache verschwindet es immer mehr.

Weitere Verben oder Ausdrücke, die Gefühle bezeichnen und die den *subjonctif* verlangen:

être heureux	*glücklich sein*	avoir peur	*Angst haben*
être content	*sich freuen*	craindre	*fürchten*
être triste	*traurig sein*	trembler	*zittern*
être déçu	*enttäuscht sein*	regretter	*bedauern*
être désolé	*bedauern*		

Wenn Haupt- und Nebensatz das gleiche Subjekt haben, wird im Nebensatz nicht der *subjonctif*, sondern der Infinitiv benutzt:

Je suis content que **tu** sois là. *Ich bin froh, dass du da bist.*	**Je** suis content **d'être** là. *Ich bin froh, da zu sein.* *Ich bin froh, dass ich da bin.*
Il a peur que **nous** arrivions en retard. *Er hat Angst, dass wir zu spät kommen.*	**Il** a peur **d'être** en retard. *Er hat Angst, zu spät zu kommen.* *Er hat Angst, dass er zu spät kommt.*

25.2.4 Unpersönliche Ausdrücke

Auch bei den unpersönlichen Ausdrücken muss zwischen Realität und Möglichkeit oder Wunsch unterschieden werden:

Il faut que j'**aille** à la poste.	*Ich muss zur Post gehen.*
Il est nécessaire que vous **appreniez** un peu de grammaire.	*Es ist notwendig, dass Sie ein wenig Grammatik lernen.*
Il est possible que ce produit **soit** efficace!	*Es ist möglich, dass dieses Produkt wirksam ist!*

Aber nach sicheren Aussagen steht kein *subjonctif:*

Il est vrai que ce produit **est** efficace!	*Es stimmt, dass dieses Produkt wirksam ist!*

Die wichtigsten unpersönlichen Ausdrücke, die eine Möglichkeit, eine Notwendigkeit oder ein Bedauern bezeichnen, sind:

il faut	*es ist nötig*	+ *que* + ***subj.***
il est / c'est nécessaire	*es ist notwendig*	
il est / c'est important	*es ist wichtig*	
il est / c'est improbable	*es ist unwahrscheinlich*	
il est / c'est impossible	*es ist unmöglich*	
il est / c'est possible	*es ist möglich*	
il est temps	*es ist Zeit*	
il est juste, c'est juste	*es ist richtig, es ist gerecht*	
il est / c'est dommage	*es ist schade*	

Diese Strukturen können auch mit (*de* +) Infinitiv verwendet werden:

Il faut **aller** à la poste.	*Man muss auf die Post gehen.*
C'est nécessaire **d'apprendre** un peu de grammaire.	*Es ist notwendig, ein wenig Grammatik zu lernen.*

Eine mögliche Wahrscheinlichkeit wird aber mit dem Indikativ ausgedrückt:

Il est **probable** qu'il **a eu** un accident.	*Wahrscheinlich hat er einen Unfall gehabt.*

25.2.5 Konjunktionen, die den *subjonctif* verlangen

Eine Reihe von Konjunktionen verlangen den *subjonctif*. Hier die wichtigsten, nach ihrer Funktion geordnet:

Zeit	Ziel	Grund
jusqu'à ce que *bis* avant que *bevor* en attendant que *während*	pour que *damit; um* afin que *damit; um* de sorte que *so dass*	soit que ... soit que *entweder ... oder* ce n'est pas que *es ist nicht, dass*

Folge	Bedingung/Hypothese	Opposition
assez / trop ... pour que *genug/zu viel um*	à condition que *unter der Bedingung* à moins que *es sei denn* en supposant que *angenommen, dass*	bien que *obwohl* quoique *obwohl; obschon*

Je viendrai à condition que vous me raccompagniez.	*Ich werde unter der Bedingung kommen, dass ihr mich zurückfahrt.*
Il va au travail bien qu'il soit malade.	*Er geht zur Arbeit, obwohl er krank ist.*

25.2.6 Der *subjonctif* im Relativsatz

Der Relativsatz bezeichnet eine Person oder Sache näher. Wenn die Person oder Sache bisher nur in unseren Wünschen und Träumen existiert, dann benutzt man im Relativsatz den *subjonctif*:

Je veux une voiture qui **soit** entièrement automatique, et qui **impressionne** tous mes clients !	*Ich will ein Auto, das voll automatisch ist und auf meine Kunden Eindruck macht!*
Je rêve d'une île déserte où je **puisse** vivre comme Robinson.	*Ich träume von einer einsamen Insel, wo ich wie Robinson leben kann.*

Das gesuchte bzw. gewünschte Objekt wird durch den Relativsatz näher beschrieben. Ob diese Träume oder Wünsche in Erfüllung gehen werden, wissen wir nicht. Solange sie nicht Wirklichkeit sind, müssen wir den *subjonctif* verwenden.
Der *subjonctif* muss auch im Relativsatz stehen, wenn das gesuchte, gewünschte Objekt bzw. die gesuchte Person (das „Bezugswort") in folgenden Verbindungen steht:

- mit einem Superlativ:

C'est <u>le plus beau</u> cadeau que j'**aie** jamais reçu!	*Das ist das schönste Geschenk, das ich je bekommen habe.*

- mit einem Adjektiv, das die Einzigartigkeit ausdrückt *(la seule chose, la première femme ...)*:

Un miracle est <u>la seule chose</u> qui **puisse** encore nous sauver!	*Ein Wunder ist das Einzige, was uns noch helfen kann!*

- mit einschränkenden Formeln *(ne ... que, ne ... personne, ne ... rien etc.)*:

Je <u>ne</u> connais <u>personne</u> qui **fasse** autant de dettes.	*Ich kenne niemanden, der so viel Schulden macht.*

25.2.7 Der *subjonctif* im Hauptsatz

Den *subjonctif* haben wir bisher immer in einem Nebensatz gebraucht. Es gibt aber einige Fälle, wo er auch in einem einfachen Satz steht.

Als Beispiel dafür der berühmte Satz, mit dem jeder französische Präsident seine Rede abschließt:

„Vive la République, vive la France!“
Es lebe die Republik, es lebe Frankreich!

Das Verb *vivre* steht hier im *subjonctif.* Das *que* fehlt meistens in solchen feststehenden Ausdrücken. Es handelt sich aber trotzdem um den *subjonctif*, der aber dieses Mal mit dem deutschen Konjunktiv zu übersetzten ist:

Vive l'Europe!	*Es lebe Europa!*
Dieu soit loué!	*Gott sei gelobt!*
Que le meilleur gagne!	*Der Beste möge gewinnen!*

Wenn wir einen Befehl mit einer indirekten Drohung verstärken wollen, dann benutzen wir ebenfalls den *subjonctif*:

Que tu ne parles plus à cette femme!	*Und dass du ja nicht mehr mit dieser Frau sprichst!!*
Que vous ne fassiez pas de bruit!	*Und dass ihr ja keinen Krach macht!*

26 Der Imperativ

Wir benötigen den Imperativ nicht nur für Aufforderungen, sondern auch für Bitten:

Donnez-moi un kilo d'oranges.	*Geben Sie mir ein Kilo Orangen.*
Ferme la fenêtre, s'il te plaît.	*Schließ bitte das Fenster.*
Buvons à la santé de Claire.	*Trinken wir auf das Wohl von Claire.*

26.1 Die Bildung des Imperativs

Im Französischen hat der Imperativ drei Personen: die 2. Person Singular sowie die 1. und 2. Person Plural. Im Regelfall entsprechen die Formen des Imperativs denen des Indikativ Präsens:

26.1.1 Regelmäßige Formen

Verben der 1. Gruppe: auf *-er* travailler *arbeiten*		**Verben der 2. Gruppe:** auf *-ir* mit Stammerweiterung finir *enden, beenden*	
travaill**e**! travaill**ons**! travaill**ez**!	*arbeite!* *arbeiten wir!* *arbeitet!, arbeiten Sie!*	fin**is**! fin**issons**! fin**issez**!	*beende!* *beenden wir!* *beendet!, beenden Sie!*
Verben der 3. Gruppe:			
auf *-re* faire *machen*		auf *-ir* courir *rennen*	
fais! faisons! faites!	*mach!* *machen wir!* *macht!, machen Sie!*	cours! courons! courez!	*renne!* *rennen wir!* *rennt!, rennen Sie!*
auf *-oir* voir *sehen*		aller *gehen*	
vois! voyons! voyez!	*sieh(e)!* *sehen wir!* *seht!, sehen Sie!*	va! allons! allez!	*geh(e)!* *gehen wir!* *geht!, gehen Sie!*

- Die 2. Person Singular der Verben auf *-er* hat kein *-s* am Ende, außer vor den Pronomen *en* und *y*. Dies hilft der Aussprache:

Termine ton travail.	*Beende deine Arbeit.*
Donnes‿en à tout le monde.	*Gib jedem davon.*
Vas‿y!	*Geh hin!*

- Im Deutschen wird bei der Höflichkeitsform des Imperativs das Subjekt dazugesetzt (*sehen Sie!*). Im Französischen nicht *(voyez!)*.

26.1.2 Unregelmäßige Formen

Einige häufig benützte Verben haben einen unregelmäßigen Imperativ:

avoir *haben*	être *sein*	vouloir *wollen*	savoir *wissen*
aie! ayons! ayez!	sois! soyons! soyez!	veuille! veuillons! veuillez!	sache! sachons! sachez!

Der Imperativ und der *subjonctif* Präsens dieser Verben sind gleich:

Ne soyez pas pessimiste.	*Seien Sie nicht pessimistisch.*
Veuillez agréer, Monsieur, l'expression de mes salutations distinguées. (geläufige französische Schlussformel eines Briefes)	*Mit freundlichen Grüßen*

26.2 Die Stellung der Objektpronomen beim Imperativ

Beim bejahten Imperativ werden die Objektpronomen nachgestellt und mit dem Verb durch einen Bindestrich verbunden. Wird die Aufforderung verneint, stehen sie an gewohnter Stelle, d. h. **vor dem Verb**: → 5.5

Achète **le pain**! *Kauf das Brot!*	→ Achète-**le**! *Kaufe es!*	Ne **l'**achète pas! *Kaufe es nicht!*

Bei zwei Objektpronomen steht zuerst das direkte, dann das indirekte:

Passez-**moi** <u>le sel</u>! *Geben Sie mir das Salz!*	→ Passez-<u>le</u>-**moi**! *Geben Sie es mir!*	Ne **me** <u>le</u> passez pas! *Geben Sie es mir nicht!*

Die Reflexivpronomen stehen an der gleichen Stelle wie die Objektpronomen:

Tu **t'**amuses. *Du amüsierst dich.*	→ Amuse-**toi**! *Amüsiere dich!*	Ne **t'**amuse pas! *Amüsiere dich nicht!*

Vous **vous** amusez. →	Amusez-**vous**!	Ne **vous** amusez pas!
Sie amüsieren sich.	*Amüsieren Sie sich!*	*Amüsieren Sie sich nicht!*
Ihr amüsiert euch.	*Amüsiert euch!*	*Amüsiert euch nicht!*

! Das Reflexivpronomen *te* kann nicht nachgestellt werden, es wird dann durch die betonte Form *toi* ersetzt.

26.3 Der Gebrauch des Imperativs

Der Imperativ wird wie im Deutschen gebraucht, um Befehle, Aufforderungen, Ratschläge und Wünsche auszudrücken, aber auch um Verbote zu erteilen:

Taisez-vous!	*Seid still!*
Prenez un bon bain et reposez-vous!	*Nehmen Sie ein schönes Bad und ruhen Sie sich aus!*

Ob eine Aussage als freundlich gemeinter Ratschlag oder als fordernder Befehl verstanden wird, hängt von der Intonation des Sprechers ab gemäß der Regel „Der Ton macht die Musik".

Imperativformen finden wir häufig in Kochbüchern und Gebrauchsanweisungen. Es fällt auf, dass der Gebrauch des Infinitivs in dem gleichen Zusammenhang eine unpersönliche Aufforderung darstellt:

Imperativ	**Infinitiv**
Branchez l'appareil. *Schließen Sie den Apparat an.*	**Brancher** l'appareil. *Den Apparat anschließen.*
Mettez la pâte dans le moule. *Geben Sie den Teig in die Form.*	**Mettre** la pâte dans le moule. *Den Teig in die Form geben.*

! Im Imperativ kann der Satz sowohl mit einem Punkt als auch mit einem Ausrufezeichen (!) beendet werden. Das Ausrufezeichen verstärkt die Aufforderung.

27 Partizip Präsens und *gérondif*

Das Partizip Präsens und das *gérondif* sind zwei Formen, die im Französischen häufig gebraucht werden, aber keine direkte Entsprechung im Deutschen haben.

Passant devant chez vous, je me suis permis de sonner.	*Da ich bei Ihnen vorbeikam, habe ich mir erlaubt zu klingeln.*
Il traverse la rue **en regardant** en l'air.	*Er überquert die Straße und schaut dabei in die Luft.*

27.1 Das Partizip Präsens

27.1.1 Die Bildung des Partizip Präsens

Das Partizip Präsens ist unveränderlich und wird immer mit der Endung *-ant* gebildet. Als Stamm dient die 1. Person Plural des Indikativ Präsens ohne Endung, z. B.:

Infinitiv		**Ind. Präsens 1. Person Plural**	**Partizip Präsens**
chercher	*suchen*	nous cherchons	cherchant
passer	*vorbeigehen*	nous passons	passant
finir	*enden, beenden*	nous finissons	finissant
boire	*trinken*	nous buvons	buvant
faire	*machen*	nous faisons	faisant

Einige Verben haben ein unregelmäßiges Partizip Präsens:

Infinitiv		**Ind. Präsens 1. Person Plural**	**Partizip Präsens**
être	*sein*	nous sommes	étant
avoir	*haben*	nous avons	ayant
savoir	*wissen*	nous savons	sachant

27.1.2 Das Partizip Präsens der reflexiven Verben

Das Pronomen des reflexiven Verbs verändert sich je nach dem Subjekt des Partizips, z. B.:

	se coucher *zu Bett gehen* Singular	Plural
1. Person	me couchant	nous couchant
2. Person	te couchant	vous couchant
3. Person	se couchant	se couchant

Me couchant très tard tous les soirs, j'étais de plus en plus fatigué(e). — *Da ich jeden Abend sehr spät schlafen ging, wurde ich immer müder.*

Ne **se souvenant** pas de son numéro de code, il n'a pas pu retirer de l'argent. — *Da er sich an seine Geheimnummer nicht erinnerte, konnte er kein Geld abheben.*

27.1.3 Der Gebrauch des Partizip Präsens

Das Partizip Präsens wird im Französischen viel häufiger als im Deutschen verwendet.
Mit dem Partizip Präsens kann die Gleichzeitigkeit von zwei Handlungsabläufen wiedergegeben werden. Das Partizip Präsens steht für:

- Angabe eines Grundes:

  Monsieur Leroux **étant** absent, la conférence est reportée. — ***Da*** *Herr Leroux abwesend ist, wird die Konferenz vertagt.*

- Zeitangabe:

  Vérifiant les comptes, le comptable a découvert les fausses factures. — ***Als*** *der Buchhalter die Zahlen überprüfte, entdeckte er die falschen Rechnungen.*

- Angabe der Art und Weise:

  Otant ses lunettes, il me regarda fixement. — ***Indem*** *er seine Brille abnahm, starrte er mich an.*

- Relativsatz:

  Le professeur a surpris un élève **lisant** une revue interdite. — *Der Lehrer hat einen Schüler erwischt,* ***der*** *eine verbotene Zeitschrift las.*

27.1.4 Partizip Präsens und Adjektive

Viele Partizipien Präsens sind zu Adjektiven geworden:

Cette histoire est intéressante.	*Diese Geschichte ist interessant.*
Ces clowns sont très amusants.	*Diese Clowns sind sehr amüsant.*

! Das Partizip Präsens ist als Adjektiv veränderlich: es richtet sich nach dem Substantiv, das es ergänzt.

In einigen Fällen hat das Adjektiv eine andere Schreibweise als das Partizip Präsens, von dem es sich ableitet:

Partizip Präsens	Adjektiv
fatiguant	fatigant
provoquant	provocant
excellant	excellent
différant	différent
u. a.	

Ce travail vous **fatiguant** beaucoup, nous avons décidé de vous accorder du repos. Dehors!	*Da diese Arbeit Sie sehr anstrengt, haben wir entschieden, Ihnen Ruhe zu gönnen. Raus!*
Ce travail est trop **fatigant** pour vous.	*Diese Arbeit ist zu anstrengend für Sie.*
Excellant dans l'art culinaire, elle en fait son métier.	*Da sie ausgezeichnet kocht, macht sie daraus ihren Beruf.*
Sa cuisine est **excellente**.	*Ihre Küche ist ausgezeichnet.*

27.2 Das *gérondif*

Mit dem *gérondif* kann man eine Handlung ausdrücken, die gleichzeitig mit einer anderen abläuft.

Je prépare mon rapport **en mangeant** mon sandwich.	*Ich bereite meinen Bericht vor und esse dabei mein Sandwich.*

27.2.1 Bildung des *gérondif*

Das *gérondif* setzt sich zusammen aus:

en + Partizip Präsens

Wie das Partizip Präsens bleibt das *gérondif* unveränderlich:

Elle conduit **en téléphonant** à ses parents.	*Sie fährt und telefoniert gleichzeitig mit ihren Eltern.*
Il repasse **en regardant** la télévision.	*Er bügelt beim Fernsehen.*

27.2.2 Der Gebrauch des *gérondif*

Anders als das Partizip Präsens gehört das *gérondif* zum allgemeinen Sprachgebrauch, schriftlich wie mündlich.
Das *gérondif* drückt immer die Gleichzeitigkeit aus, dies aber mit verschiedenen Nuancen:

- Zeitangabe (wann?):

Nous avons rencontré Pierre **en allant** au cinéma.	*Wir haben Peter getroffen, als wir ins Kino gingen.*

- Art und Weise (wie?):

Elle est tombée **en faisant** du vélo.	*Sie ist beim Rad fahren hingefallen.*

- Grund (weshalb?):

Il est devenu sourd **en écoutant** „Heavy Metal" tous les jours.	*Er ist taub geworden, weil er jeden Tag „Heavy Metal" gehört hat.*

- Bedingung (wenn . . .):

En partant tôt, nous aurons les meilleures places.	*Wenn wir früh losfahren, werden wir die besten Plätze bekommen.*

! Wenn die Gleichzeitigkeit zweier Handlungen fragwürdig erscheint, wird das *gérondif* mit *tout* verstärkt:

Tu apprends le français **tout** en te reposant? Incroyable!	*Du lernst Französisch und ruhst dich dabei aus? Unglaublich!*

28 Das Passiv

Mit dem Passiv drückt man aus, dass mit einer Person oder Sache etwas geschieht.

28.1 Die Bildung des Passivs

Das Passiv wird mit *être* und dem Partizip Perfekt des zu konjugierenden Verbs gebildet:

Präsens	Les lignes **sont coupées** par les électriciens. *Die Leitungen werden von den Elektrikern unterbrochen.*
Perfekt	Les lignes **ont été coupées**. *Die Leitungen sind unterbrochen worden.*
Imperfekt	Les lignes **étaient coupées**. *Die Leitungen wurden unterbrochen.*
passé simple	Les lignes **furent coupées**. *Die Leitungen wurden unterbrochen.*
Plusquamperfekt	Les lignes **avaient été coupées**. *Die Leitungen waren unterbrochen worden.*
Futur	Demain, toutes les lignes **seront coupées**. *Morgen werden alle Leitungen unterbrochen werden.*
conditionnel Präsens	Les lignes **seraient coupées** dans tout le quartier. *Die Leitungen wären im ganzen Viertel unterbrochen.*
subjonctif Präsens	Il est nécessaire que les lignes **soient coupées** pendant toute la durée des travaux. *Für die gesamte Dauer der Arbeiten ist es notwendig, dass die Leitungen unterbrochen werden.*

Da das Passiv mit *être* gebildet wird, ist das Partizip Perfekt veränderlich, d. h. es muss dem Subjekt angeglichen werden.

Den Unterschied zwischen *sein* und *werden* gibt es im französischen Passiv nicht. Bei nicht abgeschlossenen Zeiten (Präsens, Imperfekt, *conditionnel* Präsens) ermöglicht die Angabe des Urhebers sowie das Zufügen einer Zeitangabe eine Differenzierung zwischen Zustand und Vorgang. Das Passiv wird aber vorwiegend mit abgeschlossenen Zeiten verwendet (z. B. Perfekt):

Le repas est préparé.	*Das Essen **ist** vorbereitet.*
Le repas est préparé par le cuisinier.	*Das Essen **wird** vom Koch vorbereitet.*

La lumière était éteinte.	*Das Licht **war** ausgeschaltet.*
Tous les soirs, la lumière était éteinte à 8 heures.	*Das Licht **wurde** jeden Tag um 8 Uhr ausgeschaltet.*

28.2 Vom Aktiv zum Passiv

Aktiv:	L'assemblée nationale **a voté** le nouveau budget. *Die Nationalversammlung hat über das neue Budget abgestimmt.*
Passiv:	Le nouveau budget **a été voté** par l'assemblée nationale. *Das neue Budget wurde durch die Nationalversammlung beschlossen.*

- Das direkte Objekt *(le nouveau budget)* wird Subjekt im Passivsatz.
- Das im Aktiv gebrauchte Verb wird durch die entsprechende Zeitform von *être* und das Partizip Perfekt gebildet *(a été voté)*.
- Das Subjekt *(l'assemblée)* wird Urheber der Handlung im Passivsatz und mit der Präposition *par* angehängt.

! Nur transitive Verben, d. h. Verben, die ein direktes Objekt haben, können im Passiv stehen. Ausnahmen sind die Verben *obéir (gehorchen)* und *pardonner (verzeihen)*, denen ein indirektes Objekt folgt, die aber auch im Passiv verwendet werden können:

La mère pardonne à l'enfant.	*Die Mutter verzeiht ihrem Kind.*
L'enfant est pardonné.	*Dem Kind wird verziehen.*

28.3 Der Urheber im Passiv

Ein einfacher Passivsatz besteht nur aus Subjekt und Verb:

J'ai été retenu.	*Ich bin aufgehalten worden.*
Le patron est apprécié.	*Der Chef ist/wird geschätzt.*

Ein erweiterter Passivsatz gibt aber auch den Urheber der Handlung an:

J'ai été retenu **par un collègue**.	*Ich bin von einem Kollegen aufgehalten worden.*
Le patron est apprécié **de ses ouvriers**.	*Der Chef wird von seinen Arbeitern geschätzt.*

Der Urheber steht immer am Ende des Satzes und wird durch die Präposition *par* oder *de* eingeleitet:

- *par* wird am häufigsten verwendet und steht nach Verben, die einen Vorgang ausdrücken.
- *de* wird verwendet nach Verben, die einen Zustand beschreiben, Gefühle ausdrücken oder im übertragenen Sinne benutzt werden.

La réunion sera préparée (par elle).	*Die Konferenz wird von ihr vorbereitet.*
Le coupable est connu (de nous).	*Der Schuldige ist uns bekannt.*

28.4 Der Gebrauch des Passivs

In den öffentlichen Medien verwendet man gerne das Passiv, weil es erlaubt, Urheber oder Verantwortliche nicht zu benennen:

Le juge de Marseille a été obligé de démissionner.	*Der Richter von Marseille ist zum Rücktritt gezwungen worden.*
Il a été décidé de réduire le nombre des fonctionnaires.	*Es ist entschieden worden, die Zahl der Beamten zu reduzieren.*

! In der Schriftsprache benutzt man oft ein unpersönliches Subjekt: *il (es)* (vgl. letztes Beispiel).

Durch die Benennung wird der Urheber zum wichtigsten Teil der Mitteilung im Satz:

Le projet de loi ne sera certainement pas voté par le Sénat.	*Der Gesetzentwurf wird wahrscheinlich nicht vom Senat ratifiziert werden.*
Cette recette a été inventée par ma grand-mère.	*Dieses Rezept ist von meiner Großmutter erfunden worden.*

Das Passiv hat oft eine einfache beschreibende Funktion. Man erkennt kaum noch, dass es ein Passiv ist, weil das Partizip wie ein Adjektiv benutzt wird:

Ce chanteur est très connu.	*Dieser Sänger ist sehr bekannt.*
La salle est bien décorée.	*Der Saal ist schön dekoriert.*

28.5 Die Umschreibung des Passivs

Wie im Deutschen klingt das Passiv oft schwerfällig. Wann immer es möglich ist, ersetzen folgende Formen im Aktiv Aussagen im Passiv:

on (man)

Wenn der Urheber nicht bekannt ist, können wir mit Hilfe des Pronomens *on* das Passiv umgehen: → 9.3.4

On m'a volé mon sac! (statt *Mon sac a été volé.*)	*Man hat mir meine Tasche gestohlen!* (statt *Mir wurde meine Tasche gestohlen.*)
On a trouvé 50 Kg de cocaïne dans une valise. (statt *50 Kg de cocaïne ont été trouvés . . .*)	*Man hat 50 kg Kokain in einem Koffer gefunden.* (statt *In einem Koffer sind 50 kg Kokain gefunden worden.*)

Reflexive Form mit *se*

Man benutzt das Verb in der 3. Person Singular/Plural in Verbindung mit *se*. Man spricht damit nicht über den Urheber der Handlung, weil man häufig eine allgemein gültige Aussage machen will:

Le champagne se boit très frais.	*Champagner wird sehr kalt getrunken.*
En français, beaucoup de terminaisons ne se prononcent pas.	*Im Französischen werden viele Endungen nicht ausgesprochen.*

se faire + Infinitiv

Bei Aussagen mit *se faire* + Infinitiv deutet man an, dass das Subjekt eine gewisse Verantwortung bzw. Mitschuld an dem Vorgang hat:

Les enfants se sont fait disputer.	*Die Kinder sind ausgeschimpft worden.*
Un jour, tu vas te faire tuer sur la route.	*Eines Tages wirst du im Straßenverkehr umkommen.*

29 Die indirekte Rede

29.1 Merkmale der indirekten Rede

Pierre:	Mon frère arrive demain.	– *Mein Bruder kommt morgen.*
Marie:	Qu'est-ce que tu dis ?	– *Was sagst du?*
Pierre:	Je dis que mon frère arrive demain.	– *Ich sage, dass mein Bruder morgen kommt.*
François:	Qu'est-ce qu'il a dit ?	– *Was hat er gesagt?*
Marie:	Il a dit que son frère arrivait demain.	– *Er hat gesagt, dass sein Bruder morgen kommt.*

- Die indirekte Rede wird immer durch ein Verb eingeleitet, gefolgt von *que*. Am häufigsten kommen die Verben des Sagens vor: *dire, raconter, expliquer, affirmer, proposer, demander, répondre* usw.
- Anders als im Deutschen darf *que* – auch in der Umgangssprache – nicht weggelassen werden. Bei längeren Sätzen muss *que* mehrmals wiederholt werden.
- In der indirekten Rede müssen die Pronomen angeglichen werden, z. B.: *mon frère* → *son frère*.

Hier noch einige Beispiele und Bemerkungen:

(Bei der Polizei):
1er témoin: „Ce matin, j'**ai entendu** des bruits dans l'escalier et j'ai vu deux hommes qui **couraient**."
2ème témoin: „Eh bien, à 7 heures j'**ai ouvert** ma fenêtre. J'**ai vu** une Fiat rouge devant la porte. Deux hommes avec un gros sac **sont montés** dedans et la voiture **est** vite **repartie**."

1. Zeuge: „Heute Morgen habe ich Geräusche im Treppenhaus gehört und zwei Männer gesehen, die davonrannten."
2. Zeuge: „Nun, um 7 Uhr habe ich mein Fenster geöffnet. Ich habe einen roten Fiat vor der Haustür gesehen. Zwei Männer mit einer großen Tasche sind eingestiegen, und das Auto ist schnell weggefahren."

In der Zeitung können wir später lesen:

Un témoin **affirme** que le matin il **a entendu** des bruits dans l'escalier et qu'il **a vu** deux hommes qui **couraient**.

Un 2ème témoin **a raconté** qu'à 7h il **avait vu** une Fiat rouge devant la porte, que deux hommes avec un gros sac y **étaient montés** et que la voiture **était** vite **repartie**.

Gegenüber der direkten Rede hat sich in der indirekten Rede Verschiedenes verändert:

a) In der indirekten Rede fallen einige Satzzeichen weg, z. B. die Anführungszeichen. Ausrufewörter wie *eh bien, oui, non* usw. werden nicht wieder aufgenommen.

b) Die Zeitangabe *ce matin* wird zu *le matin*, denn der Zeitungsartikel erscheint erst später. Hier noch andere Zeitangaben, die sich verändern:

demain	→	le lendemain	mardi prochain	→	le mardi suivant
hier	→	la veille	mardi dernier	→	le mardi précédent

c) In der indirekten Rede müssen die Zeiten geändert werden, wenn das einleitende Verb in der Vergangenheit steht. Folgende Zeiten verändern sich:

Präsens	→	Imperfekt
passé composé	→	Plusquamperfekt
Futur	→	*conditionnel*

Alle anderen Zeiten bleiben erhalten.

„Je **suis** malade.“ *„Ich bin krank.“*	Il <u>a dit</u> qu'il **était** malade. *Er hat gesagt, dass er krank ist.*
„J'**ai été** malade.“ *„Ich war krank.“*	Il <u>a dit</u> qu'il **avait été** malade. *Er hat gesagt, dass er krank war.*
„Il **fera** 7 °C à Bruxelles.“ *„Es werden in Brüssel 7 °C sein.“*	La météo <u>a annoncé</u> qu'il **ferait** 7 °C à Bruxelles. *Das Wetteramt hat angekündigt, dass in Brüssel 7 °C sein werden.*
„Le film **était** super!“ *„Der Film war super!“*	Elle <u>a dit</u> que le film **était** super. *Sie hat gesagt, dass der Film super war.*

Aber: Für allgemein gültige Aussagen können die Zeiten der direkten Rede beibehalten werden:

„La Lune tourne autour de la Terre.“ *Der Mond dreht sich um die Erde.*	Il a expliqué que la Lune **tourne** autour de la Terre. *Er hat erklärt, dass der Mond sich um die Erde dreht.*

29.2 Die indirekte Frage

In der indirekten Rede werden Entscheidungsfragen (Fragen, die man mit *ja* oder *nein* beantwortet) durch *si, s' (ob)* eingeleitet. Die Wortstellung entspricht der des Aussagesatzes: erst Subjekt, dann Prädikat:

„Acceptent-ils une augmentation de 0,5 %?“ *„Akzeptieren sie eine Erhöhung von 0,5 %?“*	Ils demandent **s'**ils acceptent une augmentation de 0,5 %. *Sie fragen, ob sie eine Erhöhung von 0,5 % akzeptieren.*

Beginnen Fragen mit einem Fragewort *(comment, où, quand ...)*, dann wird es in der indirekten Rede wieder aufgenommen, ohne *est-ce que*:

„**Avec qui** est-ce que tu sors ce soir?“ *„Mit wem gehst du heute Abend aus?“*	Ton père veut savoir **avec qui** tu sors ce soir. *Dein Vater will wissen, mit wem du heute Abend ausgehst.*

Bei der Umwandlung von Fragen, in denen nach Personen und Sachen gefragt wird, ist Folgendes zu berücksichtigen:

- Die Fragen nach Personen mit *qui, qui est-ce qui* bzw. *qui est-ce que* werden mit dem Pronomen *qui* eingeleitet:

„**Qui** est-ce **qui** fait la vaisselle aujourd'hui?“ *„Wer wäscht heute ab?“*	Maman veut savoir **qui** fait la vaisselle aujourd'hui. *Mama will wissen, wer heute abwäscht.*
Pour qui est-ce **que** tu vas voter? *Wen wirst du wählen?*	Un curieux veut savoir **pour qui** tu vas voter. *Ein neugieriger Mensch will wissen, wen du wählen wirst.*

Die Fragen nach Sachen mit *que, qu'est-ce que, qu'est-ce qui* werden mit *ce que/qu'* bzw. *ce qui* eingeleitet. *ce que* fragt nach dem Objekt, *ce qui* nach dem Subjekt:

„**Que** préfères-tu?" *„Was hast du lieber?"*	Il te demande **ce que** tu préfères. *Er fragt dich, was du lieber hast.*
„Qu'est-ce **qui** se passe?" *„Was ist los?"*	Le policier a demandé **ce qui** se passait. *Der Polizist hat gefragt, was los ist.*

30 Die Verneinung

30.1 Die einfache Verneinung

Wie im Deutschen kann man im Französischen eine ablehnende Äußerung lediglich mit einem Wort ausdrücken:

Tu veux un bonbon? – Non, (merci).	*Willst du einen Bonbon?* *– Nein, (danke).*

Im vollständigen Satz aber besteht die Verneinung aus mindestens zwei Wörtern:

ne … pas	*nicht, kein*	ne … jamais	*nie*
ne … plus	*nicht mehr*	usw.	

Il **ne** parle **pas** français.	*Er spricht kein Französisch.*
Elle **ne** travaille **plus**, elle est au chômage.	*Sie arbeitet nicht mehr, sie ist arbeitslos.*
Ne voyagez **jamais** seule dans le désert!	*Reisen Sie in der Wüste nie alleine!*
Je **n'**ai **pas de** V.T.T. (=Vélo tout terrain)	*Ich habe kein Mountainbike.*

! Die Partikel *ne* (bzw. *n'* vor einem Vokal) gehört immer dazu; in der Schriftsprache darf sie nicht fehlen, in der gesprochenen ist sie Zeugnis korrekten Sprachgebrauchs. In der Umgangssprache aber fehlt sie sehr oft.

30.2 Die erweiterte Verneinung

ne … pas non plus
auch nicht

Il ne viendra pas non plus.
Er wird auch nicht kommen.

! Ohne Verb entfällt das *ne*:

Vous ne fumez pas? — *Sie rauchen nicht?*
Très bien, moi **non plus**. — *Sehr gut, ich auch nicht.*

ne … pas encore
noch nicht

Nous n'avons pas encore reçu le colis.
Wir haben das Paket noch nicht bekommen.

ne … plus jamais
nie mehr

La cuisine de ce restaurant est infecte. Nous n'irons plus jamais.
Das Essen in diesem Restaurant ist ungenießbar. Da gehen wir nie mehr hin.

ne … toujours pas
immer noch nicht/kein

Je n'ai toujours pas de réponse.
Ich habe immer noch keine Antwort.

Aber:

ne … pas toujours
nicht immer

Le témoin ne dit pas toujours la vérité.
Der Zeuge sagt nicht immer die Wahrheit.

! Die Adverbien *jamais* und *plus* können auch mit den Indefinitpronomen *rien* und *personne* statt *pas* ergänzt werden. → 9.3.2; 9.3.3

ne … plus rien
nichts mehr

Depuis sa promotion, nous n'avons plus rien de commun.
Seit seiner Beförderung haben wir nichts mehr gemeinsam.

ne … plus personne
kein/e/r mehr

Plus personne n'achète de disque.
Keiner kauft mehr Schallplatten.

! Hier müssen wir bei der Übersetzung aufpassen:

ne ... jamais **rien** *nie **etwas***	Ses parents ne lui interdisent jamais rien. *Seine Eltern verbieten ihm nie etwas.*
ne ... plus jamais **rien** *nie mehr **etwas***	Je ne te dirai plus jamais rien. Tu répétes tout. *Ich werde dir nie mehr etwas sagen.* *Du erzählst alles weiter.*
ne ... jamais **personne** *nie **jemand***	Il n'y a jamais personne à ce guichet. *Es steht nie jemand an diesem Schalter.*

30.3 Weitere Formen der Verneinung

ne ... ni ... ni *weder ... noch*	Je **ne** suis **ni** blanc **ni** noir: je suis Français. *Ich bin weder weiß noch schwarz:* *Ich bin Franzose.*
sans ... ni *ohne ... und*	Nous sommes partis **sans** carte **ni** boussole. *Wir sind ohne Landkarte und Kompass losgegangen.*

! In Verbindung mit *sans* entfällt das *ne* vor dem Verb.

30.4 *ne pas* und *non* als eigenständige Verneinung

In manchen Fällen kann ein Teil der Verneinung ausgelassen werden:

ne statt *ne ... pas*

Nach den Verben *oser (wagen)*, *savoir (wissen)*, *pouvoir (können)* und *cesser (aufhören)* wird in der gehobenen Sprache das *pas* weggelassen:

Je **n'**ose vous demander de me raccompagner.	*Ich wage nicht, Sie zu bitten, mich nach Hause zu bringen.*

pas, non, jamais statt *ne ... pas, ne ... jamais* etc.

In einem Satz ohne Verb wird *ne* ausgelassen:

Etes-vous prêt? – Non, pas encore.	*Sind Sie bereit? – Nein, noch nicht.*
Reviendrez-vous? – Plus jamais!	*Werden Sie wiederkommen? – Nie mehr!*

pas und *non* als Verneinung einzelner Wörter

Manche Substantive, Adjektive oder Partizipien können nur durch *non* verneint werden, Adjektive bzw. Partizipien auch durch *pas*:

eau non potable	*kein Trinkwasser*
la non-intervention	*die Nichteinmischung*
une chemise pas repassée	*ein ungebügeltes Hemd*
des vacances pas reposantes	*nicht erholsame Ferien*

! Zwischen *non* und einem Substantiv steht ein Bindestrich.

30.5 Die Einschränkung

ne ... que
nur

Tu m'invites? - Je regrette, je n'ai que 30 F. sur moi. (Oder: J'ai seulement ...)
Lädst du mich ein? – Das tut mir Leid, ich habe nur 30 F. dabei.

30.6 Die Stellung der Verneinung

Bei einfachen Zeiten

Beide Verneinungspartikel schließen das Verb und die vorhandenen Objektpronomen ein:

Cette association **n'**<u>est</u> **pas** sérieuse, elle **n'**<u>a</u> **pas** une bonne renommée.	*Dieser Verein ist nicht seriös, er hat keinen guten Ruf.*
Je **ne** <u>lui donnerai</u> **pas** d'argent.	*Ich werde ihm kein Geld geben.*
Je **ne** <u>lui en donnerai</u> **pas**.	*Ich werde ihm keins geben.*

Bei zusammengesetzten Zeiten

ne und *pas* (bzw. *plus, jamais …*) rahmen das Hilfsverb ein, einschließlich vorhandener Objektpronomen. Das Partizip folgt:

Je **ne** lui ai **rien** rapporté.	*Ich habe ihm nichts mitgebracht.*

Bei Modalverben und beim *futur proche*

Die Verneinungspartikeln stehen vor und nach dem konjugierten Verb; Pronomen und Infinitiv folgen:

Je **ne** veux **pas** lui en parler.	*Ich will nicht mit ihm darüber sprechen.*
Je **ne** vais **pas** vous y conduire.	*Ich werde Sie nicht dorthin fahren/führen.*

Beim Infinitiv

Wollen wir einen Infinitiv verneinen, dann stehen die beiden Verneinungspartikeln vor dem Infinitiv und den vorhandenen Objektpronomen:

Ne pas se pencher au-dehors.	*Nicht hinauslehnen.*
Le syndicat a demandé aux travailleurs de **ne pas** céder.	*Die Gewerkschaft hat die Arbeiter aufgefordet, nicht nachzugeben.*

Beim Imperativ

→ 26

Wie bei einfachen und zusammengesetzten Zeiten schließen die Verneinungspartikeln das Verb und die vorhandenen Pronomen ein:

Ne vous endormez **jamais** au volant!	*Schlafen Sie nie am Steuer ein!*
Ne me demandez **plus rien**!	*Verlangen Sie nichts mehr von mir!*
Ne les écoute **pas**!	*Höre nicht auf sie!*

31 Das Adverb

Im Deutschen sind Adjektive und Adverbien auf den ersten Blick nicht immer zu unterscheiden, da sie oft gleich lauten. Im Französischen dagegen haben die Adverbien eine eigene Form. Man unterscheidet zwischen abgeleiteten und ursprünglichen Adverbien. Zusätzlich gibt es eine Reihe von adverbialen Wendungen.

31.1 Die abgeleiteten Adverbien

31.1.1 Die Adverbien auf *-ment*

Sie erklären die Art und Weise einer Handlung oder einer Eigenschaft, antworten auf die Frage „wie?" und werden wie folgt gebildet:

Allgemeine Bildung:

weibliche Form des Adjektivs + *-ment*

Adjektiv Mask.	Fem.	Adverb	
franc	franche	franchement	*ehrlich*
gai	gaie	gaiement	*lustig*
lent	lente	lentement	*langsam*
rapide	rapide	rapidement	*schnell*
sérieux	sérieuse	sérieusement	*ernsthaft/-lich*

Elle est très **franche**, elle dit **franchement** ce qu'elle pense.	*Sie ist sehr ehrlich, sie sagt ehrlich, was sie denkt.*
Pourriez-vous parler **lentement**, s'il vous plaît?	*Können Sie bitte langsam sprechen?*
Aujourd'hui, il faut travailler **rapidement**.	*Heute muss man schnell arbeiten.*
Il est **sérieusement** malade.	*Er ist ernstlich krank.*

Besonderheiten:

Bei einigen Adverbien wird das *e* vor *-ment* zu *é*:

Adjektiv	Adverb	
précis profond	précisément profondément	*genau* *tief, zutiefst*

Wenn die männliche Form des Adjektivs auf Vokal endet, wird das Adverb von dieser statt von der weiblichen Form abgeleitet:

Adjektiv	Adverb	
poli absolu	poliment absolument	*höflich* *unbedingt*

Vous devez absolument le faire. — *Sie müssen es unbedingt tun.*

Fast alle Adjektive, die auf *-ant* und *-ent* enden, bilden das Adverb auf *-amment* bzw. *-emment* (beide Endungen werden [amã] ausgesprochen):

Adjektiv	Adverb	
courant prudent	couramment prudemment	*fließend* *vorsichtig*

Aber: *lent* → *lentement*

Il y a du verglas. Conduisez prudemment. — *Es gibt Glatteis, fahren Sie vorsichtig.*

! Das Adjektiv *gentil (nett, lieb)* wird zu dem Adverb *gentiment.*

31.1.2 Adjektive, die als Adverbien dienen

Im Französischen können in feststehenden Ausdrücken einige Adjektive unverändert als Adverbien eingesetzt werden z. B.:

manger froid / chaud	*kalt / warm essen*
parler fort / bas	*laut / leise sprechen*
valoir cher	*teuer sein*

31.2 Die ursprünglichen Adverbien

Nicht alle Adverbien können aus Adjektiven abgeleitet werden. Viele sind Wörter für sich, so genannte „ursprüngliche“ Adverbien:

31.2.1 Adverbien der Art und Weise

ainsi	*so*	exprès	*absichtlich*	vite	*schnell*
bien	*gut, wohl*	mal	*schlecht*	volontiers	*gerne*
comme	*wie*	plutôt	*eher, lieber*	u. a.	

Tu l'as fait exprès. — *Du hast es absichtlich gemacht.*
Ils s'entendent comme chien et chat. — *Sie sind wie Hund und Katze.*

! Das Adverb *vite* darf auf keinen Fall mit dem Adjektiv *rapide* verwechselt werden:

Elle conduit **vite** mais bien. — *Sie fährt schnell, aber gut.*
Le TGV est **rapide**. — *Der TGV ist schnell.*

31.2.2 Adverbien der Menge und des Grades

assez (de)	*ziemlich, genug*	presque	*fast*
aussi	*auch, genauso*	si	*so*
autant (de)	*genauso viel(e)*	tant (de)	*so sehr, so viel*
beaucoup (de)	*viel(e)*		*so viele*
bien	*sehr*	tout	*alles*
davantage (de)	*mehr*	très	*sehr*
moins (de)	*weniger*	trop (de)	*zu viel(e)*
(un) peu (de)	*(ein) wenig*	u. a.	
plus (de)	*mehr*		

Diese Adverbien beziehen sich auf Verben und/oder Adjektive und/oder andere Adverbien:

C'est presque fini. — *Es ist fast fertig.*
Il va beaucoup mieux. — *Es geht ihm viel besser.*
Vous me plaisez aussi. — *Sie gefallen mir auch.*

Nach einigen Mengenadverbien kann die Präposition *de* stehen; sie beziehen sich dann auf Substantive ohne Artikel:

Il y a **trop de** voitures dans les villes.	*Es gibt zu viele Autos in den Städten.*
Je n'ai pas **beaucoup de** temps.	*Ich habe nicht viel Zeit.*

Aber: Mit dem Adverb *bien* vor einem Substantiv im Plural steht *des*:

J'y ai pensé **bien des** fois.	*Ich habe oft (viele Male) daran gedacht.*

si kann sich nur auf ein Adjektiv oder ein anderes Adverb beziehen, *tant* nur auf ein Verb oder auf ein Substantiv:

Elle est **si** gentille.	*Sie ist so nett.*
J'ai **tant** ri.	*Ich habe so gelacht.*
J'ai **tant de** soucis.	*Ich habe so viel Kummer.*

davantage kann weder ein Adverb noch ein Adjektiv steigern; es darf nie beim Superlativ verwendet werden:

Les pays industriels consomment **davantage d'**énergie.	*Die Industrieländer verbrauchen mehr Energie.*

assez darf nie in Verbindung mit *beaucoup* stehen. Stattdessen benutzt man *bien*:

J'ai eu **bien des** ennuis.	*Ich habe ziemlich viel Ärger gehabt.*

Die Adverbien ***bien, beaucoup*** und ***très*** haben zwar ähnliche Bedeutung, lassen sich aber nicht beliebig austauschen. Im Allgemeinen stellen *beaucoup* und *très* eine objektive Wertung dar, während *bien* als subjektive Aussage betrachtet wird.

- Bei einem Verb steht nur *beaucoup* oder *bien*:

Nous nous sommes **beaucoup** amusés.	*Wir haben viel Spaß gehabt.*
Nous nous sommes **bien** amusés.	*Wir haben uns gut amüsiert.*

- Beim Komparativ steht nur *beaucoup* oder *bien*:

Il y a **beaucoup** plus de monde que la semaine dernière.	*Es sind viel mehr Leute als letzte Woche.*
Il y a **bien** plus de monde...	*Es sind sehr viel mehr Leute...*

- Beim einem anderen Adverb oder einem Adjektiv steht nur *bien* oder *très*:

On ne l'a pas vu depuis **bien** longtemps.	*Man hat ihn seit sehr langer Zeit nicht gesehen.*
On ne l'a pas vu depuis **très** longtemps.	*Man hat ihn seit sehr langer Zeit nicht gesehen.*

- Bei einem Substantiv steht nur *beaucoup* oder *bien*:

Tu as **beaucoup** de chance.	*Du hast viel Glück.*
Tu as **bien** de la chance.	*Du hast großes Glück.*

- Bei einer verbalen Wendung steht nur *bien* oder *très*:

Nous avons **bien/très** faim.	*Wir sind sehr hungrig.*
J'ai **bien/très** envie de dîner au restaurant.	*Ich habe große Lust, heute Abend ins Restaurant essen zu gehen.*

-

Merci **beaucoup**!	*Vielen Dank!*
Merci **bien**!	*Danke sehr!, Danke schön!*

! *très* und *beaucoup* können nicht kombiniert werden. *„Sehr viel Arbeit"* wird mit *„énormément de travail"* wiedergegeben.

! Verwechseln Sie nicht *c'est bien (es ist gut, es ist guter Qualität)*, mit *c'est bon (das schmeckt gut!)*:

Va voir ce film, il est bien. (= C'est un bon film.)	*Schau dir diesen Film an, er ist gut.*
Goûte ce gâteau, il est très bon.	*Probiere diesen Kuchen, er schmeckt sehr gut.*

31.2.3 Adverbien der Zeit

aujourd'hui	*heute*	avant	*früher/vorher*
(après-)demain	*(über)morgen*	après	*danach, nachher*
(avant-)hier	*(vor)gestern*	maintenant	*jetzt*
		longtemps	*lange*
aussitôt	*gleich*	tôt	*früh*
tout de suite	*sofort*	tard	*spät*
tout à coup	*plötzlich*		
déjà	*schon*	ensuite	*dann*
encore	*noch*	puis	*dann, danach*
toujours	*immer*	enfin	*endlich, schließlich*
jamais	*nie, je*	u. a.	
quelquefois	*manchmal*		
de temps en temps	*von Zeit zu Zeit*		

Venez **tout de suite** dans mon bureau! — *Kommen Sie sofort in mein Büro!*

Ça ne va pas durer **longtemps**. — *Es wird nicht lange dauern.*

31.2.4 Adverbien des Ortes

ailleurs	*anderswo*	dehors	*draußen*
ici/-ci	*hier*	près (de)	*nah*
là/là-bas	*da/dort*	loin (de)	*weit*
avant	*vor*	dessus	*darauf*
devant	*davor*	dessous	*darunter*
derrière	*dahinter*	partout	*überall*
u. a.			

Respectez les consignes mentionnées **ci-dessous**. — *Halten Sie sich an die unten angegebenen Anordnungen.*

ici bezeichnet einen nahen Ort, *là* einen entfernteren. In der gesprochenen Sprache wird aber *là* verwendet, wenn kein Gegensatz zwischen zwei Orten vorhanden ist:

Je regrette, Monsieur Paul n'est pas **là** (= ici). — *Ich bedauere, Monsieur Paul ist nicht da (= hier).*

31.2.5 Adverbien der Bejahung, Verneinung und des Zweifels

oui	*ja*	volontiers	*gerne*
si	*doch*	en effet	*in der Tat*
bien sûr (que)	*natürlich*	jamais	*nie*
ne ... pas	*nicht, kein*	peut-être (que)	*vielleicht*
non	*nein*	sans doute (que)	*wahrscheinlich*
		sans aucun doute	*zweifellos*

Nach Verben der Meinungs- oder Gefühlsäußerung (z. B. *penser, croire, dire, répondre, espérer* usw.) steht *que oui, que si, que non*:

Maman, tu m'achètes une sucette? – Je te dis **que** non.	*Mama, kaufst du mir einen Lutscher? – Ich sage nein.*

Nach *bien sûr, peut-être, sans doute* steht *que*, wenn sie am Satzanfang stehen:

Peut-être **qu'**il va m'appeller.	*Vielleicht wird er mich anrufen.*

31.2.6 Frageadverbien

où?	*wo?*	combien?	*wie viel?*
quand?	*wann?*	pourquoi?	*warum?*
comment?	*wie?*	u. a.	

→ Fragewörter, 10

31.3 Die adverbialen Wendungen

- Substantivische Umschreibungen als feststehende Ausdrücke:

Il a parlé **d'un ton moqueur**.	*Er sprach in spöttischem Ton.*
Ils se conduisent **d'une façon maladroite**.	*Sie verhalten sich ungeschickt.*
L'enfant le dévisageait **d'un air penseur**.	*Das Kind betrachtete ihn nachdenklich.*

! In der Wendung stimmen das Substantiv und das Adjektiv überein.

- Substantivische Umschreibungen mit Präposition:

Il surmonta les obstacles **avec courage.**	*Er überwand die Hürden mit Mut.*
Nous dînons **d'habitude** à huit heures.	*Wir essen gewöhnlich um acht Uhr.*
N'arrive pas **en retard**!	*Komm nicht zu spät!*

! *avec, de* und *en* werden ohne Artikel vor dem Substantiv gebraucht.

- Verbale Umschreibungen:

Manche adverbiale Formen werden im Französischen mit einer verbalen Umschreibung ausgedrückt:

Il **aime bien** s'occuper des enfants.	*Er kümmert sich gern um die Kinder.*
Une cigarette? – Je **veux bien**, merci.	*Zigarette? – Danke, gern.*

31.4 Gebrauch und Stellung des Adverbs

Adverbien begleiten Verben, Adjektive oder andere Adverbien. Sie können auch vor einem Substantiv stehen oder sich auf einen ganzen Satz beziehen.

Das Adverb steht immer vor dem Adjektiv oder dem Adverb, das es ergänzt:

Trop <u>belle</u> pour toi.	*Zu schön für dich.*
Je suis **très** <u>agréablement</u> surprise.	*Ich bin sehr angenehm überrascht.*

Bei einfachen Zeiten steht es nach dem konjugierten Verb:

Les enfants <u>regardent</u> **trop souvent** la télé.	*Die Kinder sehen zu oft fern.*

Bei zusammengesetzten Zeiten sind zwei Stellungen möglich:

- Die Adverbien der Menge, die unbestimmten Zeitadverbien *souvent, rarement, déjà, toujours* . . ., die Adverbien der Verneinung und die Adverbien *bien, mal* und *mieux* stehen zwischen dem Hilfsverb und dem Partizip:

En vacances, nous <u>avons</u> **peu** <u>lu</u>.	*Im Urlaub haben wir wenig gelesen.*
Nous nous <u>sommes</u> **souvent** <u>baignés</u>.	*Wir sind oft schwimmen gegangen.*

- Die Orts- und Zeitadverbien und die langen Adverbien stehen nach dem Partizip:

Ils ont marché **loin**.	*Sie sind weit gelaufen.*
Nous nous sommes levés **tôt**.	*Wir sind früh aufgestanden.*

! Wollen wir jedoch einen Umstand betonen, werden die Adverbien – insbesondere die Zeit- und Ortsadverbien – an den Anfang des Satzes gesetzt:

Hier, un attentat à la bombe a été commis.	*Gestern wurde ein Bombenattentat verübt.*
Malheureusement, il y a beaucoup de victimes.	*Es gibt leider viele Opfer.*

31.5 Die Steigerung

31.5.1 Die Steigerung des Adverbs

Wie beim Adjektiv werden auch zur Steigerung eines Adverbs die Adverbien *plus, aussi* und *moins* verwendet: → 12.5

Komparativ:

plus vite (que)	*schneller (als)*
moins vite (que)	*weniger schnell (als)*
aussi vite (que)	*genauso schnell (wie)*

Superlativ:

le plus vite (de tous)	*der Schnellste*
le moins vite (de tous)	*der am wenigsten Schnelle*

Je vais manquer mon train; roule **plus vite**!	*Ich werde meinen Zug verpassen; fahr schneller!*
La consultation a duré **moins longtemps que** prévu.	*Die Beratung hat nicht so lange wie vorgesehen gedauert.*
Elle travaille **aussi bien que** lui.	*Sie arbeitet genauso gut wie er.*
Expliquez votre cas **le plus précisément** possible.	*Legen Sie Ihren Fall so präzise wie möglich dar.*

31.5.2 Besondere Formen

Positiv	beaucoup *viel*	peu *wenig*	bien *gut*
Komparativ: Überlegenheit	plus *mehr*	moins *weniger*	mieux *besser*
Gleichheit	autant *ebenso viel*	aussi peu *ebenso wenig*	aussi bien *ebenso gut*
Unterlegenheit	moins *weniger*		
Superlativ:	le plus *am meisten*	le moins *am wenigsten*	le mieux *am besten*

Ce chapeau vous va **mieux que** l'autre. — *Dieser Hut steht Ihnen besser als der andere.*

Quel est le modèle qui te plaît **le mieux** de tous? — *Welches Modell gefällt dir am besten von allen?*

31.5.3 Die Steigerung des Verbs und des Substantivs

Zur Steigerung des Verbs und des Substantivs werden auch die Adverbien der Menge verwendet.
Zum Ausdruck der Gleichheit wird *autant* anstatt *aussi* gebraucht:

	mit einem Verb	**mit einem Substantiv**
Komparativ: Überlegenheit	Verb + plus que / davantage que	plus de / davantage de + Subst. + que
Unterlegenheit	Verb + moins que	moins de + Subst. + que
Gleichheit	Verb + autant que	autant de + Subst. + que
Superlativ:	Verb + le plus Verb + le moins	le plus de + Subst. le moins de + Subst.

Elle travaille **autant que** lui, mais elle gagne **moins que** lui. — *Sie arbeitet genauso viel wie er, verdient aber weniger als er.*

C'est le produit qui se vend **le plus**. — *Das ist das Produkt, das sich am meisten verkauft.*

Cette année, il y a **autant de** touristes **que** l'année dernière. — *Dieses Jahr gibt es genauso viel Touristen wie letztes Jahr.*

32 Die Präposition

32.1 Präposition + geographische Eigennamen

Auf die Frage „wo?“ oder „wohin?“ benutzt man im Französischen verschiedene Präpositionen:

Präposition	geographische Bezeichnung	Beispiel
à	Städte Insel ohne Artikel	à Berlin, à Paris à Cuba
au = à + le **aux** = à + les	Länder (maskulin), beginnend mit einem Konsonanten Länder (Plural)	au Japon, au Portugal aux Etats Unis
en	Länder (feminin) Länder (maskulin), beginnend mit einem Vokal Regionen (feminin) Regionen (maskulin), beginnend mit einem Vokal Regionen (maskulin), beginnend mit einem Konsonanten	en France, en Allemagne en Iran en Bavière, en Provence en Arkansas dans le Palatinat
dans + Artikel	Gebirge Bezirke französische Departements	dans les Alpes dans le 17ème dans la Creuse, dans le Finistère

Je vais **à** Paris, il va **en** Corse. — *Ich fahre nach Paris, er nach Korsika.*
Je suis né **au** Japon. — *Ich bin in Japan geboren.*
Moi, je vais faire du ski **dans** les Alpes. — *Ich werde in den Alpen Ski fahren.*

Aber: Allgemeine Landschaftsbezeichnungen werden nur mit *à* eingeleitet: *à la campagne* (aufs/auf dem Land), *à la mer* (ans/am Meer), *à la montagne* (in die Berge).

Auf die Frage „woher?“ wird die Präposition *de* verwendet:

Je viens **de** Munich.	*Ich komme aus München.*
Je rentre juste **du** Brésil, c'était fantastique!	*Ich bin gerade aus Brasilien zurück, es war phantastisch!*
Il revient **des** Etats Unis.	*Er kommt aus den Vereinigten Staaten zurück.*

! Bei männlichen geographischen Bezeichnungen mit Artikel wird *de* + Artikel zu *du*, im Plural zu *des*.

32.2 Präpositionen des Ortes

Auf die Fragen „wo?“, „wohin?“ und „woher?“ antworten folgende Präpositionen:

à	*zu; in; auf*	à la poste *(zur Post)*, à l'école *(zur Schule)* à la boulangerie *(in die Bäckerei)*, au théâtre *(ins Theater)*, à la banque *(auf die Bank)*
chez + Person	*zu; bei*	chez le boulanger *(zum/beim Bäcker)*, chez le coiffeur *(zum/beim Friseur)*, chez une amie *(zu/bei einer Freundin)*
en	*in*	en vacances *(im Urlaub)*, en ville *(in der Stadt)*
entre	*zwischen*	entre deux chaises *(zwischen zwei Stühlen)*
parmi	*zwischen; in mitten von; unter*	parmi les documents *(unter den Unterlagen)*
dans	*in; auf*	dans la maison *(ins/im Haus)* dans la rue *(auf die/der Straße)*
sur	*auf*	sur la table *(auf den/dem Tisch)*

sous	*unter*	sous le lit *(unter das/dem Bett)*
devant	*vor*	devant la maison *(vor das/dem Haus)*
derrière	*hinter*	derrière la colline *(hinter dem Hügel)*
par	*durch*	par le parc *(durch den Park)*
contre	*gegen; an*	contre le mur *(gegen die/an die/der Wand)*

32.3 Präpositionen der Zeit

Folgende Präpositionen antworten auf Fragen nach der Zeit:

à	*um;* *bis*	à 11 h *(um 11 Uhr)* de 8 h à 18 h *(von 8 bis 18 Uhr)* à lundi *(bis Montag)*
avant **après**	*vor* *nach*	avant 8 h *(vor 8 Uhr)* après le cours *(nach dem Kurs)*
de…à	*von…bis*	de 8 h à 18 h *(von 8 bis 18 Uhr)*
depuis	*seit*	depuis trois ans *(seit drei Jahren)*
dans	*in*	dans deux heures *(in zwei Stunden)*
pendant	*während*	pendant les matchs de football *(während der Fußballspiele)*

32.4 Präpositionen der Art und Weise und des Mittels

à	*zu; mit*	à pied *(zu Fuß)*, à bicyclette *(mit dem Fahrrad)*, à cheval *(zu Pferd)* à la machine *(mit der Maschine)*
avec	*mit/in Begleitung von*	avec son chien *(mit seinem Hund)*
sans + Subs. ohne Artikel	*ohne*	café sans sucre *(Kaffee ohne Zucker)* sans regarder *(ohne zu schauen)*

32.5 Präpositionen der Zielangabe, der Bestimmung

pour	*zum, um ... zu;*	pour vivre *(zum leben, um zu leben)*
	für;	pour ton anniversaire *(für deinen Geburtstag)*
	pro	dix pour cent *(zehn Prozent)*
afin	*um ... zu*	Nous partirons lundi afin d'éviter les embouteillages. *(Wir werden Montag wegfahren, um Staus zu vermeiden.)*

32.6 Die Präpositionen *à* und *de*

Bei zusammengesetzten Substantiven

Neben Zusammensetzungen, die mit Hilfe eines Bindestriches gebildet werden (z. B. *la belle-mère die Schwiegermutter*), werden viele Substantive durch die Präpositionen *à* und *de* verbunden:

une brosse **à** dents	*eine Zahnbürste*
un pull **de** laine	*ein Wollpullover*

Die Verwendung von *à* bzw. *de* ist nicht willkürlich. Vielmehr erfüllt jede Präposition einen ganz bestimmten Zweck:

à bedeutet		
„ist für“ une brosse à dents *eine Zahnbürste* une tasse à thé *eine Teetasse*	*„ist mit“* un gâteau au chocolat *ein Schokoladenkuchen*	*„kostet“* un menu à 100 F *ein Menü zu 100 F*

de bedeutet		
„enthält“ une bouteille de vin *eine Flasche Wein* une tasse de thé *eine Tasse Tee*	*„wird benutzt für“* une salle de bains *ein Badezimmer*	*„besteht aus“* un pull de laine *ein Wollpullover*

! Das Material eines Gegenstandes wird sowohl mit *de* als auch mit *en* angegeben: *un sac de cuir* oder *un sac en cuir (Ledertasche)*.

Beim Infinitiv

An viele Verben, verbale Ausdrücke und Adjektive wird ein Infinitiv mit *à* bzw. *de* angeschlossen (während andere ohne Präposition auskommen), z. B.:

	à + Infinitiv	**de + Infinitiv**
Verb	commencer à *(beginnen zu)* aider qn. à *(jdm. helfen zu)*	finir de/terminer de *(enden mit)* arrêter de/cesser de *(aufhören mit)*
Adjektiv	facile à/difficile à *(leicht/schwierig zu)*	content de/enchanté de *(froh/entzückt über)*
verbaler Ausdruck	avoir du mal à *(Schwierigkeiten haben mit)*	avoir besoin de *(brauchen)* avoir envie de *(Lust haben)* avoir peur de *(Angst haben)*

32.7 Die präpositionalen Ausdrücke

à côté de	*neben*	Il est assis à côté de moi. *Er sitzt neben mir.*
en face de	*gegenüber*	J'habite en face de l'école. *Ich wohne gegenüber der Schule.*
au milieu de	*in der Mitte von*	La fontaine est au milieu de la place. *Der Brunnen steht in der Mitte des Platzes.*
près de	*in der Nähe von*	Versailles est près de Paris. *Versailles liegt in der Nähe von Paris.*
loin de	*weit von*	Je travaille loin de chez moi. *Ich arbeite weit weg von zu Hause.*
jusqu'à	*bis*	Le bureau est fermé jusqu'au 15 août. *Das Büro ist bis zum 15. August geschlossen.*
au-dessus de	*über; oben; darüber*	L'avion vole au-dessus de la ville. *Das Flugzeug fliegt über die Stadt.*
au-dessous de	*unter; darunter*	Cette année, les jupes se portent au-dessous du genou. *Dieses Jahr werden die Röcke knielang getragen.*
à cause de	*wegen*	Je suis en retard à cause d'un accident. *Ich komme zu spät wegen eines Unfalls.*
grâce à	*dank*	J'ai eu ce travail grâce à mon oncle. *Ich habe diese Arbeit dank meines Onkels bekommen.*

33 Die Konjunktion

33.1 Die nebenordnenden Konjunktionen

Die nebenordnenden Konjunktionen verbinden zwei gleichrangige Sätze bzw. Wörter:

mais	*aber*	or	*nun*	car	*denn*
ou	*oder*	ni	*weder*	donc	*also*
et	*und*				

Il a marché sur un peau de banane **et** il est tombé. — *Er ist auf eine Bananenschale getreten und ist gefallen.*

Il n'est pas venu **car** il était fatigué. — *Er ist nicht gekommen, denn er war müde.*

33.2 Die unterordnenden Konjunktionen

Die unterordnenden Konjunktionen leiten Nebensätze ein. Wir unterteilen sie nach ihren Funktionen.

33.2.1 Angabe des Grundes

Gründe kann man mit Hilfe von folgenden Konjunktionen angeben:

parce que	*weil*	**+ Verb im Indikativ oder *conditionnel***
puisque	*da*	
comme	*da*	

Nous allons en Espagne **parce que** nous aimons le soleil. — *Wir fahren nach Spanien,* ***weil*** *wir die Sonne mögen.*

Comme je n'avais pas le temps de faire la cuisine et **que** j'avais faim, j'ai acheté une pizza. — ***Da*** *ich zwar keine Zeit zum Kochen, aber Hunger hatte, habe ich eine Pizza gekauft.*

! Wenn mehrere Nebensätze aufeinander folgen, wird die Konjunktion nicht wiederholt: der zweite und alle folgenden Nebensätze werden durch *que* eingeleitet.

! Nur *puisque* und *comme* können am Satzanfang stehen:

Puisqu'il aime lire, offrons-lui un livre.	*Da er gern liest, schenken wir ihm ein Buch.*

33.2.2 Angabe der Folge

Die Folge wird mit der Konjunktion *que* eingeleitet. Im Hauptsatz steht dann ein Adverb der Menge oder eine Wendung mit *que:* → 31.2.2

tellement ... que	*so ... dass*	**+ Verb im Indikativ**
si ... que	*so ... dass*	
tant ... que	*so ... dass*	
de (telle) sorte que	*so ... dass*	
de (telle) manière que	*so ... dass*	
de (telle) façon que	*so ... dass*	

Il faisait **si** chaud, **que** je me suis jeté à l'eau.	*Es war so heiß, dass ich ins Wasser gesprungen bin.*
Mon voisin a garé sa voiture devant mon garage de **telle sorte que** je ne peux plus sortir la mienne.	*Mein Nachbar hat sein Auto vor meiner Garage geparkt, so dass ich meines nicht mehr herausfahren kann.*

! *de sorte que*, *de manière que* und *de façon que* werden auch mit *subjonctif* verwendet, wenn sie Zweck bzw. Ziel ausdrücken: → 33.2.4

Occupez-vous des journalistes de sorte qu'ils ne s'aperçoivent pas de mon absence.	*Kümmern Sie sich um die Journalisten, damit sie meine Abwesenheit nicht bemerken.*

33.2.3 Angabe der Zeit

Es hängt von der Konjunktion ab, ob das Verb des Nebensatzes im Indikativ, *conditionnel* oder *subjonctif* steht:

+ Verb im Indikativ oder *conditionnel*		+ Verb im *subjonctif*	
quand	*wenn*	avant que	*bevor*
lorsque	*als*	jusqu'à ce que	*bis*
pendant que	*während*		
aussitôt que	*sobald*		
dès que	*sobald*		
après que	*nachdem*		
depuis que	*seitdem*		
au moment où	*als; in dem Moment als*		
u. a.			

Il dort **pendant que** les autres s'amusent.
Tu as le temps d'acheter un journal **avant que** le train (ne) parte.

Er schläft, während die anderen sich vergnügen.
Du hast Zeit, eine Zeitung zu kaufen, bevor der Zug abfährt.

33.2.4 Angabe von Zweck oder Ziel

Das Verb des Nebensatzes steht im *subjonctif:*

+ Verb im *subjonctif*			
pour que	*damit; um … zu*	de sorte que	*damit; um … zu*
afin que	"	de façon que	"
que	"	de manière que	"

Il travaille beaucoup **pour que** sa femme puisse s'acheter un nouveau vison.

Er arbeitet viel, damit seine Frau sich einen neuen Nerz kaufen kann.

Dépêche-toi, **qu'**on soit à l'heure. — *Beeile dich, damit wir pünktlich sind!*

! Hauptsatz und Nebensatz dürfen nicht dasselbe Subjekt haben; andernfalls muss der Infinitiv verwendet werden:

Il travaille pour se payer des vacances. — *Er arbeitet, um sich den Urlaub leisten zu können.*

33.2.5 Angabe des Gegensatzes

Auch hier unterscheiden wir zwischen zwei Gruppen von Konjunktionen:

+ Verb im Indikativ oder *conditionnel*		+ Verb im *subjonctif*	
alors que	*obwohl*	bien que	*obwohl; obschon*
tandis que	*während*	quoique	*obwohl; obgleich*

Elle met toujours des mini-jupes **alors que** cela ne lui va pas. — *Sie trägt immer Miniröcke, obwohl ihr das nicht steht.*

Il a acheté une nouvelle voiture **bien qu'**il soit au chômage. — *Er hat ein neues Auto gekauft, obwohl er arbeitslos ist.*

Il regarde la télévision **alors qu'**il devrait préparer son examen. — *Er sieht fern, obwohl er seine Prüfung vorbereiten sollte.*

Sachregister

Grammatische Fachausdrücke und Abkürzungen

In der folgenden Aufstellung finden Sie zuerst die in dieser Grammatik verwendeten Fachausdrücke und Abkürzungen, gefolgt von der deutschen Bezeichnung und der französischen Entsprechung:

Adjektiv	Eigenschaftswort; *adjectif:* das **braune** Kleid
Adverb	Umstandswort; *adverbe:* Er fährt **morgen** ab.
Aktiv	Tätigkeitsform; *forme active:* Der Mann **öffnet** die Tür.
Artikel	Geschlechtswort; *article:* **das** Haus; **ein** Freund
conditionnel	Bedingungsform, Konditional*: il donnerait* er **würde geben**
Demonstrativpronomen	hinweisendes Fürwort; *adjectif/pronom démonstratif:* **dieses** Buch; **dieses**
Femininum (Fem.)	weibliche Form; *féminin:* Freundin, sie, die
Futur I	erste Zukunft; *futur simple:* Ich **werde fragen.**
Futur II	zweite Zukunft; *futur antérieur:* Ich **werde gefragt haben.**
Imperativ	Befehlsform; *impératif:* **Geh(e)!**
Imperfekt	Mitvergangenheit; *imparfait: il donnait* er **gab/hat gegeben**
Indefinitpronomen	unbestimmtes Fürwort; *adjectif/pronom indefini:* jemand, jeder
Indikativ	Wirklichkeitsform; *indicatif:* Er **geht** sofort.
indirekte Rede	wiedergegebene Rede; *discours indirect:* Frau Schmidt sagte, **ihr Mann sei im Büro.**
Infinitiv	Grundform; *infinitif:* (zu) gehen
Komparativ	1. Steigerungsstufe; *comparatif:* länger
Konjugation	Beugung; *conjugaison:* gehen, geht, ging
Konjunktion	Bindewort; *conjonction:* Er fragt, **ob** du kommst.
Konsonant	Mitlaut; *consonne:* b, c, d, k, l, s, t
liaison	Bindung
Maskulinum (Mask.)	männliche Form; *masculin:* Freund, er, der
Modus/-i	Aussageweise; *mode:* Er **ist** reich. **Sei** brav!

Objekt	Satzergänzung; *objet:* Der Mann öffnet **die Tür.**
Partizip Perfekt	Mittelwort der Vergangenheit; *participe passé:* gebacken
Passiv	Leideform; *forme passive:* Die Tür **wird geöffnet**.
passé antérieur	historische Vorvergangenheit: *il eut donné* er **hatte gegeben**
passé simple	historisches Perfekt: *il donna* er **gab/hat gegeben**
Perfekt	Vorgegenwart; *passé composé: il a donné* er **gab/ hat gegeben**
Personalpronomen	persönliches Fürwort; *pronom personnel:* ich, er, Sie
Plural (Pl.)	Mehrzahl; *pluriel:* die Kirsche**n**
Plusquamperfekt	Vorvergangenheit; *plus-que-parfait:* Der Film **hatte** bereits **begonnen**, als wir ankamen.
Positiv	Grundstufe; *positif:* das **grüne** Kleid
Possessivpronomen	besitzanzeigendes Fürwort; *adjectif/pronom possessif:* **mein** Buch; **meines**
Prädikat	Satzaussage; *prédicat:* Die Frau **bäckt einen Kuchen**.
Präposition	Verhältniswort; *préposition:* auf, gegen, mit
Präsens	Gegenwart; *présent:* Ich **gehe**.
Pronomen	Fürwort; *pronom:* ich, dieser, dein
Reflexivpronomen	rückbezügliches Fürwort; *pronom réfléchi:* Er wäscht **sich**.
Relativpronomen	bezügliches Fürwort; *pronom relatif:* Wo ist das Buch, **das** ich gekauft habe?
Relativsatz	bezüglicher Nebensatz; *phrase relative:* Wo ist das Buch, **das ich gekauft habe?**
Singular (Sing.)	Einzahl; *singulier:* eine, die Kirsche
Subjekt	Satzgegenstand; *sujet:* **Das Kind** spielt mit der Katze.
subjonctif	Möglichkeitsform, Konjunktiv: Ich **wünschte**, du **kämst**!
Substantiv	Hauptwort; *nom:* der **Tisch**
Superlativ	2. Steigerungsstufe; *superlatif:* der Schönste, am besten
Verb	Zeitwort; *verbe:* gehen, kommen
Vokal	Selbstlaut; *voyelle:* a, e, i, o, u